宝宝要入园 妈妈早准备

孩子上幼儿园家长必做的心理建设

沈佳慧 / 著

北京理工大学出版社
BEIJING INSTITUTE OF TECHNOLOGY PRESS

版权专有　侵权必究

图书在版编目(CIP)数据

宝宝要入园，妈妈早准备：孩子上幼儿园家长必做的心理建设 / 沈佳慧著. —北京：北京理工大学出版社, 2020.5

ISBN 978-7-5682-8096-9

Ⅰ. ①宝… Ⅱ. ①沈… Ⅲ. ①学前儿童—家庭教育 Ⅳ. ① G781

中国版本图书馆 CIP 数据核字 (2020) 第 010871 号

出版发行 / 北京理工大学出版社有限责任公司
社　　址 / 北京市海淀区中关村南大街 5 号
邮　　编 / 100081
电　　话 /（010）68914775（总编室）
　　　　　（010）82562903（教材售后服务热线）
　　　　　（010）68948351（其他图书服务热线）
网　　址 / http://www.bitpress.com.cn
经　　销 / 全国各地新华书店
印　　刷 / 保定市中画美凯印刷有限公司
开　　本 / 710 毫米 × 1000 毫米　1/16
印　　张 / 12.75　　　　　　　　　　责任编辑 / 李慧智
字　　数 / 112 千字　　　　　　　　　文案编辑 / 李慧智
版　　次 / 2020 年 5 月第 1 版　2020 年 5 月第 1 次印刷　责任校对 / 周瑞红
定　　价 / 39.80 元　　　　　　　　　责任印制 / 施胜娟

图书出现印装质量问题，请拨打售后服务热线，本社负责调换

教育是为孩子独立做准备

现在孩子生得少,父母亲常常恨不得倾尽所有为孩子的将来铺路,却经常在"为孩子好"的"伟大"前提之下,给孩子设了许多规范,结果很多时候弄得大人鸡飞狗跳、压力倍增,而孩子的发展或是行为还远不如预期。

于是父母亲开始求助于专家,看更多的书,来丰富自己的育儿知识,改进自己的育儿方法,但最重要的是要从父母亲改变观念开始做起。

父母必须多花些时间去了解自己的孩子,无论是个性还是需求,都必须悉心留意观察,才能找出教养自己孩子的方式。除了家长自己必须先放轻松之外,有很多事、很多训练,还必须针对孩子着手进行,从小做起,循序渐进,才能显现出事半功倍的效果。

这样的认知和做法,对父母来说其实不是一件容易的事,尤其在电视上出现太多骇人听闻的新闻之后,身为父母亲的通常会不由自主地紧张,于是更加地对孩子耳提面命,然后常常陷入一种恶性循环之中。

也常有许多父母亲抱怨:为什么孩子进入青春期之后,那个

宝宝要入园，妈妈早准备

原本在自己心中可爱又听话的孩子，忽然之间变得懒得跟你说话，你说一句他反驳十句，什么事都与你对着干……心中的那种失落感是非常大的。而这种情况最主要的原因，大多是父母从小没有与孩子建立良好的沟通方式和渠道，而随着孩子的长大，没有了话题与顺畅的交流方式，孩子就会变得更难教，也更难沟通了。

中国人常说的"三岁定终生"是有几分道理的。虽然不至于三岁就决定孩子所有的未来，但是也显示出学前教育的重要性。所谓的学前教育，就是为孩子奠定将来所有行为生活习惯的基础，这样的话，对父母亲来说，孩子越长大就会越轻松！因此幼儿园时期是很重要的关键时期，不仅父母要费心，幼儿园老师的教导也十分重要，当然不可否认的，最重要的仍是父母亲的态度和教养方式。

我的儿子小K，3岁开始上幼儿园，总共上过中、英、德3个国家的5所幼儿园，因此对于幼儿园，我有诸多的了解与心得，尤其在东西方不同的国度里，幼儿园教养的方式不同，会培养出孩子不同的性格。所以幼儿园时期对于孩子的学习方式和习惯养成十分重要，要慎选幼儿园。父母亲所需要做的准备工作真的很多，不论是心理上的还是学校上的选择，都会为孩子将来奠定重要的基础。

华人父母似乎都对孩子们的课业成长特别的焦虑，生怕一不小心落了人后，怕孩子将来无法超越别人、无法出人头地，因此从小开始为孩子选学校、选才艺，用各种各样的方式，期盼孩子不会输在起跑线上。

受西方教育长大的小K，经常觉得我太过紧张，17岁的孩子郑重地告诉我："妈妈，我已经长大了，你不要再那么紧张，可以 relax 一点吗？"我相信很多父母都会和我有一样的感受，我们在教养孩子的同时，其实也应该不断地学习。

将我在欧洲所体验观察以及研究的亲身经验来与大家分享，并不是要凸显外国教育有多好，而是我看见了用好的教育方式教育出来的孩子不仅优秀，而且对生活、对自己更有想法，行为上也非常值得赞赏。

我和一位德国幼儿园老师聊天时曾说，他觉得许多亚洲人给孩子的幼儿教育，看起来就只是一种学科训练，而非教育。我想也许他是对身处欧洲、美洲的华人的育儿做法有感而发吧。

从某个角度来说，他说的也没错。

尽管我认为他的说法有些直接，但不得不承认，这的确是发生在很多家长身上的现象，甚至为了迎合家长，越来越多的老师也是如此。因此在幼儿教育的同时，我们更需要先认清并且思考自己想要孩子将来成为什么样的人，想要孩子具备哪些成长的经验、条件，才能为孩子找到合适的教育方式。我们常说十年磨一剑，引导与陪伴孩子成长，可比磨一剑要花的时间多得多了，耐心是最重要的一件事！

很多父母希望孩子可以用最短的时间达到最好的效果、最好的成绩，然而很多时候对孩子来说，成长是经验的累积，无法速成。

写这本书是希望父母、老师在孩子的幼儿时期，为孩子奠定、储备好往后学习的能量，助其养成良好的行为习惯、建立正确的价值观，为孩子将来的独立自主做好扎实且完善的准备。在培养

宝宝要入园，妈妈早准备

孩子竞争力的同时，也把快乐成长的机会还给孩子，让孩子从小学习独立、培养自信、为自己负责，这就是父母最好的成就以及最值得欣慰的事情。

目录

第一章 选择 & 准备
——孩子喜欢上的就是好幼儿园

1. 东西方幼儿园大不同 / 3
2. 孩子上幼儿园前该有的"成熟度" / 6
3. "玩"为什么是给孩子最好的礼物？ / 11
4. 幼儿园的户外活动与探险 / 17
5. 选择什么样的幼儿园？ / 22
6. 关于转学 / 29
7. 进入幼儿园孩子的适应期 / 33

第二章 生活 & 习惯
——在幼儿园该学什么？

1. 规矩——建立孩子正确的判断能力 / 41
2. 生活习惯的建立 / 45
3. 孩子生病了怎么办？ / 49
4. 当孩子开始失控时 / 57
5. 给孩子选择的权利 / 63
6. 幼儿园，玩才是重点 / 68

宝宝要入园，妈妈早准备

7. 入园暖身期：建立孩子、家长和老师的互信 / 72
8. 餐桌上的礼仪 / 76
9. 用鼓励的方式让孩子学会生活自理 / 80
10. 幼儿时期是培养责任感的最佳时机 / 85
11. 让孩子从小事开始练习做决定 / 88

第三章 阅读培养
—— 一个好幼儿园的标配

1. 如何培养幼儿的阅读能力 / 95
2. 如何为孩子选故事书？ / 102
3. 属于孩子的讲故事时间 / 108
4. 幼儿园时期开始去图书馆 / 112
5. 阅读是亲子间的分享时间 / 116

第四章 安全教育
——幼儿园要教会孩子自我保护

1. 让孩子认识危险 / 123
2. 保护自己化解冲突 / 129
3. 犯错与认错——处罚得当吗？ / 135
4. 相信孩子的能力 / 140

第五章 人际交往
——幼儿园要教会孩子如何与人相处

1. 欧洲父母的教养态度——把孩子从小养成"朋友" / 147
2. 孩子在幼儿园的人际关系建立 / 152
3. 沟通是从小开始培养的 / 157

4. 不分龄的孩子相处方式 / 162

5. 不说谎的孩子是因为拥有可以信任的父母 / 165

6. 快乐带来一切学习的能量 / 168

7. 幼儿园是可以给孩子建立信心的地方 / 174

8. 在德国，教育这件事，父母不能只期待老师认真 / 179

9. 教孩子学会爱 / 183

10. 搭公交车——户外教学的收获 / 188

第一章

选择 & 准备
——孩子喜欢上的就是好幼儿园

第一章 选择＆准备——孩子喜欢上的就是好幼儿园

1. 东西方幼儿园大不同

时代在进步，教育方式也不断地在改革与进步，尤其如今国际往来频繁，许多人开始探讨：究竟是西方的教育方式好，还是东方的教育方式好呢？

其实无论用什么方式教育孩子，最重要的是要符合孩子的个性，能够让孩子接受到好的教育，才是最重要的。一般来说，为什么许多人推崇西方教育？其实最大的不同在于：西方教育给孩子更多的发展空间，给孩子更多自主性的训练，从小以讲理的方式对待孩子，并且特别注重孩子的人格教育——尤其是在早期的幼儿教育中。

因此我希望我的分享可以更多改善我们教养孩子的方式，而并非仅仅执着于东方或是西方的教育。

以我们家孩子为例，儿子小K因为先生念书与工作的关系，曾经念过台湾地区、苏格兰、德国的总共5所幼儿园。从这些不同学校、不同

宝宝要入园，妈妈早准备

地方的累积经验中，我开始发现了东西方教育不同的地方，也学习到了很多西方教育的方式，然后找到了最适合自己孩子的教育方式。

在经历过东方与西方教育的洗礼之后，我发现，东方的教育较为倾向压抑与刻意导正，而西方教育更多的是用潜移默化以及引导的方式，来达到教育的目的。

小K在台湾幼儿园时，我找的是较为轻松的幼儿园。对于一个3岁的孩子，我只希望他可以建立良好的生活习惯，以及快乐地从玩耍中学习。但在幼儿园中，老师每天还是用许多的时间教孩子认字，给孩子很多知识性的灌输，甚至还有英文课程供家长选择。3岁多的孩子，中文都还没发展好，便开始学英文，其实是比较不建议的做法，除非孩子的双亲其中有一位是外国人，或是孩子的语言天分特别彰显出来，或是如我们一般旅居国外……否则还是建议大一些再进行双语教育，这是比较好的选择，对孩子的成长也会比较有帮助。

记得我们到了苏格兰时，第一个学校像托儿所，很有趣的是它位于一所建筑物顶楼，学校虽然很小，但老师非常有耐心。由于当时初至苏格兰爱丁堡这座城市时，小K根本不懂英文，因此下午幼儿园内孩子很少的时候，老师会耐心地拿着字卡，一字一句地教小K英文，为他的英语奠定了很好的基础。后来到了苏格兰格拉斯哥，进了私立的一所幼儿园，老师给孩子很多的自由空间，让孩子自由自在地玩耍。在这个时期，小K也交了几个很好的玩伴和朋友。而幼教老师更重视的是，找出孩子每个行为背后的原因，而不是只看错误的行为，或是仅凭表面来对孩子做判断，老师每天都会写下对每个孩子的观察日记，到了学期末的时候，做成一个总体的评估报告，给家长参考。而这些是长期观察所得的结果，很具有参考价值。孩子每天在学校的时间很长，老师可以借由这样的评估了解每个孩子，找出他们需要帮助的地方。

到了德国之后，我发现，德国的幼儿园老师注重的焦点，则是孩子规律的作息和每天在学校是否玩得愉快，也极注重孩子自己动手做，让孩子从做中养成良好的习惯和行为。

所以综合来说，西方幼儿园的早期教育方式，是给孩子自由的空间，用自然的方式学习。从生活中开始建立各种习惯，这不仅与父母亲有关，更需要幼儿园老师的专业度与配合。

幼儿园的老师，不仅仅是教孩子知识，也是孩子在学校的另一个生活启蒙导师，十分重要。因此在选择幼儿园的同时，必须先认清自己想要的教育方式和理念，这样才能够教养出一个具有新世纪竞争力的孩子。

 宝宝要入园，妈妈早准备

2. 孩子上幼儿园前该有的"成熟度"

一定要念幼儿园吗？几岁开始入学？

到德国生活之后我才知道，幼儿园不是一定要就读的，在德国上小学，才是义务教育的开始，因此是否入幼儿园，取决于家长。有些德国妈妈没有工作，专职在家带孩子，所以很多妈妈就直接担负起教导孩子的工作。如果在家里就可以达到上幼儿园的训练，家长会选择让孩子不去上幼儿园。一来幼儿园虽然不贵，但不像小学是免费的，所以不上幼儿园对某些家庭来说，可以节省一笔开销。再者是有些地方幼儿园不多，额满很快，孩子排不上学校可以就读，当然这是被动的，但是可以由家长来决定。

而至于这样的决定是不是最好的，完全由家长自己来评估。

德国和国内一样，是六岁入小学。

依照德国政府的规定，德国的幼儿园不教识字，因此在上小学之前，

孩子只需认得自己的名字即可，根本不担心孩子在学习上落人之后，因为入小学之后，所有与学习有关的，一切都会从头教起，孩子只需拥有他入学年龄该有的成熟度即可。

如果经过学校的评估，孩子的成熟度还不足以上小学的话，也有七岁才进入小学就读的，完全不急于让孩子马上就学，以要求孩子可以"跟得上"进度为主要的目标。在德国也严禁提前就学，希望孩子可以按部就班并且成熟地接受每一段的教育。

而什么是该有的"成熟度"呢？

所谓孩子是否能入小学的评估，最主要是看孩子是否能够独立处理好自己分内的事，例如自己吃饭、自己脱衣穿鞋等这些基本的生活行为，都可以自理，然后最重要的是看得懂自己的名字，甚至不需会写，这样就可以进入小学就读。我在国内看过一些孩子，到了小学一年级还需要处处依赖大人，饭都吃不好，这样的孩子，在德国是需要延后入学的，因为——还不够成熟！

小K在德国时，幼儿园大班的下半学期，也就是入小学的前半年，就必须登记将要进入哪一所小学就读，接着大约到了三月份（每个小学所订日期时间不同），小学会发出通知，通知孩子到学校做评估。所谓的评估，除了身体上的健康之外，也评估孩子的语言能力、对事物的理解程度，由医生来判断孩子是否已经具备好了进小学的成熟度。相较于在国内为数不少的家长急于把孩子送进才艺班、学识字等行为，是差异

很大的。

我看过很多孩子,在进小学前已经学了多项才艺、识字,回家还必须写幼儿园留的作业,有的还会上台说一段十分流利的英语,让人觉得很不可思议。当然并不是不能这样做,而是没有必要一定这样做。并没有任何有效的数据或统计显示,先学习的孩子,将来成就会比后学习的孩子好,所以既然没有占到什么上风,何不还给孩子一个正常且愉快开心的童年呢?把这些精力放在行为的规范、良好习惯的建立方面,反而更为有益。

每个家长为孩子找寻幼儿园,最希望这个幼儿园既可以导正孩子的行为,又可以为孩子奠定学习的基础。所以到了孩子要念幼儿园的时候,便开始紧张不已,而家长花再多的钱,仿佛都觉得值回票价。这常会让我想起那个听了黄庭坚的故事[①]便感叹自己"书到今生读已迟"的袁枚。也许就是有些人遵循这样的老观念,把许多孩子给害了吧。

我们不要把每个孩子都视为天才,每个孩子发展的状况与进度也不尽相同,甚至有男孩女孩的差别。在幼儿园中必须学到什么?

国内家长有些因为工作因素,早早就送孩子去上学;有些觉得孩子在家太吵了,自己没办法教,干脆送去学校!无论送孩子去幼儿园的最初理由是什么,都必须让孩子在幼儿园内,训练出为将来入小学时所必须具备的成熟度,让孩子在该有的年龄学会该会的事,这是最重要的一件事。再者,无论是什么样的理由,送不送到幼儿园,也都必须要以孩子的成熟度来考虑，即使没上幼儿园，父母亲也应该在这个年龄段里，为孩子做好这样的能力训练。

但也无须刻意培养孩子的成熟度，每个孩子的发展时间不同，最重要的是给孩子成长时间，并从旁协助孩子达到每个年龄的成熟度。不刻意强求时间表，对孩子才是最好的方式。

注释：
①黄庭坚这则离奇故事，典出其故乡《江西修水县县志》。
根据该志书记载：
他署理太平知州时系26岁，这年生日，他在衙内午睡，梦中来到一村庄，遇见一老妇人，端出一碟鱼肉相款时，忽然惊醒！这才知道自己先前是在做梦。

但奇怪的，却是口中还有鱼腥味残留。

于是他外出，循梦中记忆经过的道路，果真来到梦境中那座村舍，山谷恍悟老妇人为其前世生母。

老妇人告知女儿已死26年，今天正是她忌辰，女儿生前工诗文，一心向佛而未嫁，死前将遗稿锁入箱内，预于来世再亲自启封。

黄庭坚追记曩昔，找出藏钥匙处，开箱后，赫然发现有部分文稿是他参加乡试及会试的笔墨，于是确信自己是老妇人亡女再生。

他便将其接回家里，孝养终生。

太平州即今天的芜湖。芜湖县署旁有座滴翠轩，其中刻有黄庭坚画像，其自题像赞曰：

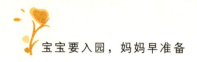
宝宝要入园，妈妈早准备

似僧有发　似俗无尘
作梦中梦　悟身外身

根据袁枚《随园诗话》（卷四第廿七则）内容原文：

"谚云：'读书是前世事。'余幼时，家中无书，借得《文选》，见《长门赋》一篇，恍如读过；《离骚》亦然。方知谚语之非诬。毛俟园广文有句云：'名须没世称才好，书到今生读已迟。'"

3. "玩"为什么是给孩子最好的礼物？

经常在演讲的时候分享德国幼儿园孩子的学习和生活，大家都非常好奇，总会忍不住问：他们上课到底都在学些什么、做些什么呢？

我的回答是："玩啊！从入园开始玩到放学，回家再继续玩！"

大家会继续忍不住好奇地追问："那他们都学些什么呢？"

"什么都学，每一件事对孩子来说，都是新奇有趣的，在玩当中学习，也建立起生活规范。"

"没学才艺？"

"没教识字？"

"上英文吗？"

答案是：全部没有！

"那么，在教什么？"

宝宝要入园，妈妈早准备

不是说了吗？玩啊。真真实实地在玩。

可能真的许多父母无法想象，就像德国父母听到我描述国内有些幼儿园回家还必须"写作业"时，亦是惊讶得无以复加，这是同样的道理。

于是家长们便开始讨论：这样成天在玩，能行吗？

以台湾幼儿园的孩子来说，大多需要学习拼字，因为许多公立学校在小学一年级已经不教注音符号（中国台湾地区的发音符号系统，与中国大陆的拼音类似）了，或者很快地带过，直接跳入开始识字的阶段。有的上双语幼儿园的，还必须开始认识英文字母，甚是有的还有才艺课程，而这些，在德国幼儿园中——全部没有！那么你一定更好奇了：他们在幼儿园做些什么？

我先来让大家看看德国幼儿园的作息表（当然每个州每个城市学校可能不尽相同，但大致是如此的）：

7:30—9:00 陆续入园

9:00—9:30 早餐时间

9:30—10:00 晨间律动，和导师交流的时间

10:00—11:30 自由玩耍时间（活动内容包含室内、户外的活动）

11:30—12:30 午餐时间

12:30—14:30 午休

14:30—15:00 点心时间

15:30—游戏时间，一直到家长来接

看看这样的时间表，孩子不都是在玩耍吗？

先来看入园的状况：和我们一样，德国还是有不少的双薪家庭，因此在父母上班之前，孩子就会被送到学校。而这些孩子进了幼儿园之后，就开始找自己的事做，可以坐在椅子上发呆，可以和同学玩玩，也可以拿玩具来玩，开始了一天的幼儿园生活。

早上9点之后，学校的门就锁上了，孩子们会聚在一起吃早餐，早餐后老师和孩子们说说话，有些幼儿园还有晨间律动，让孩子们活动一下筋骨。十点之后，会开始例行带孩子出去"郊游"。首先，这个每日"郊游"，几乎是风雨无阻的——除非下了暴雨或太大的雪，有安全上的考虑，或者有其他的特殊活动安排，否则这几乎是每天的既定行程。

大约是一个小时的时间，幼儿园的老师会带着孩子们，沿着附近的小区散步，目的地一般是附近的公园或森林，所以每天都可以看见这有秩序的一群幼儿园娃娃，两人一组地排着队，边走边聊。遇到有附近的动物，像是松鼠、小刺猬之类的，老师会停下来跟大家介绍这些小动物的习性、名字、饮食习惯等；接着看见路旁的植物，也会停下来介绍解说，

宝宝要入园，妈妈早准备

甚至教导孩子哪些植物是有毒不可食用的。

这样经年累月地下来，孩子对于附近的环境、动植物、动物习性、植物特性，都如数家珍。有时候经过超市，也教孩子辨认食材，这一路虽然走得很慢，但是一趟下来的收获却不少。

如果没有外出，在园内也是自由活动的时间，老师会安排并带领孩子玩游戏。

中午早早就吃午餐，午餐后的午休时间，孩子们必须睡午觉；午觉之后，每天有下午的点心；点心之后，又是另一波的玩耍时间。夏日太热的时候，孩子可以在幼儿园的室外空间玩水，在树荫下玩沙、玩游戏，孩子们会有各式各样不同的玩法，创意十足！冬日下雪时如果积雪够厚，老师们会让孩子到户外玩雪、打雪仗。

让一个孩子从轻松的学习环境中自然而然地学习与成长，是幼儿园主要的目的。好的学习方式，可以给孩子的学习最好最多最快的能量。从玩中学习，是最好却也最不着痕迹的学习方式，尤其是幼儿。

这个年纪的孩子需要不断重复着一件事，让这些知识和尝试，自然而然地融入孩子的生活当中。这就是一种学习。虽然看起来似乎学习速度很慢，但却建立了孩子学习的扎实基础，别小看这些每天重复却相当无聊的小动作，收获可是非常大的。

儿子小K在回台湾的几年之后，还印象非常深刻地记着这样的学习模式，并告诉我："以前在德国念幼儿园时，感觉每天都在玩，可是我却不知不觉中学到很多；现在在教室里坐上八小时，却觉得没有以前学得多。"

孩子长大了，都感受到这样从情境中学习的收获，所以这样的方式，的确是很值得学习的！小K在德国求学时，自由玩耍的时间很多，不仅仅是幼儿园，连上了小学都是如此。

而孩子在这玩耍的过程中所收获的，却经常会超出我们的想象。

小K大一些之后，我发现他因为小时候自由自在地玩耍，度过童年的学习时光，他对许多事都充满高度兴趣，我常举读历史的方式为例：小时候很多人讨厌读历史，是因为我们都在用死背的方式，觉得内容很多、很难背、很无聊，读着读着，反而渐渐地就失去了兴趣。

而其实历史所包含的有各种人物的性情、各个时代的政治经济背景，用说故事的方式和孩子讨论，收获就会有很丰富的层次。我记得小K在小学一、二年级的时候，就已初步了解了西德和东德的历史和不同的发展，这是让我很意外的。

所以从幼儿园到小学，在德国求学时，小K从未觉得自己是在"念书"，而知识，却在玩耍中，逐渐累积，而且也让学习充满乐趣。

问十个德国父母，没有一个会认为孩子要在幼儿园阶段学才艺（除非已经发现孩子有特别异于常人的天赋）、认字，他们一致认为孩子只

宝宝要入园,妈妈早准备

需要吃好、睡好、玩好,就完成他在这个阶段的任务了!

幼儿园时期,最重要的是体力的训练和培养,以及良好生活习惯的建立,而不是急于让孩子累积知识。

孩子在每一个阶段,都有不同的学习任务。

在孩子应该到户外探索玩乐的年纪,许多华人父母(无论在国内国外)却常因为怕孩子输在起跑线上,让自己的孩子经常课程满档到连孩子发呆的自由都被剥夺。所以严格来说,在中国或者说在亚洲,给孩子的幼儿教育只能算是一种学科训练,而非真正的教育。真正的教育不只是学习,还包含了生活、行为教育以及对传统的传承。

因此,在孩子的幼儿时期,更应让他们在此时奠定生活的能力、行为的规范,这远比让孩子过多学习来得重要。这些都可以在玩中建立与学习,为将来的人生奠定坚实的基础。

4. 幼儿园的户外活动与探险

孩子的成长过程，可以说是不断探险、累积生活经验的过程，这个过程如果开心美好，绝对可以让孩子在往后的人生中有很多正面的能量与学习能力。

幼儿园正是奠定这个探索基础的非常重要的地方，幼儿时期也正是让孩子尽情探索、最无忧无虑的重要时间，因此父母亲一定要好好地利用！

我在台湾长大，因此有许多的教养和观念，皆由过往传统的经验累积而形成，如果不是到了欧洲亲身体验到了欧美教育的不同，我相信我一定也是一个不折不扣的"虎妈"，然后在孩子的成长过程中让孩子承受更多的压力和束缚，连自己也过得不开心。因此，有了这样不同的经验之后，我非常愿意将这样的观念传递给每一位焦虑的父母，让我们在教养孩子的过程中，能够拥有更多的乐趣，而不是每天都在不断地对孩

宝宝要入园，妈妈早准备

子嘶吼和叨念。

就拿让孩子到户外探险、游戏这件事来说吧，我也是到了欧洲之后，才一点一滴地认同起来的。

小K很小的时候，虽然我经常带着他出门四处旅行，但我还是很讨厌孩子把自己弄得脏兮兮的，倒不是担心清洗麻烦，而是担心病菌上身。因此在小K两岁之前，我并不经常让他玩沙、玩土，我时时刻刻会在一旁看着，虽然很累，但是在自己的监督范围之内，总觉得心安。

一切的改变，是小K到了苏格兰之后。

那时小K初在苏格兰上幼儿园，当我去接他的时候，看到他和其他孩子玩得满地打滚，浑身脏兮兮的，无比开心，一开始心里是有很大的抵触的：怎么一早干干净净的孩子，回家时已经脏兮兮的呢？可是老师和孩子都对此视而不见，相反还十分开心。老师还会愉快地告诉我："今天Kevin在学校玩得很开心呢！孩子多接触大自然是件好事。"

后来渐渐地就习惯了，反正回家前把手洗干净就行了。

之后我们搬到了德国，小K到了德国幼儿园之后，每天回家兴高采烈，经常全身是沙地回来。他会分享今天到哪里去玩、看了什么东西、和小伙伴们玩了什么新奇的游戏，等等。

所以我才知道，在德国的幼儿园中，每日的户外活动是他们的重头戏，是孩子户外探险的时间。通常天气好的时候，老师会带着孩子出门，

第一章 选择＆准备——孩子喜欢上的就是好幼儿园

大一点的孩子（四五岁），两两排着队，还不太会走路的孩子坐在推车上，大家不疾不徐地走着，就像刘姥姥逛大观园一样，老师会和大家分享"旅程"中的一草一木，而终点站通常是幼儿园附近的公园。有时候则是到森林里，除了吸收芬多精①之外，也是另一种不同的探险，森林里有更多值得探究和了解的事物。

依此来看便知，德国人很重视孩子的"Freispiel"——也就是自由玩乐的时间。

这与我们亚洲传统的观念是大相径庭的。

不仅是中国人，大多数的亚洲人，包含日韩等国的家长在内，似乎都对于"玩"有着很大的"敌意"，多半将玩与浪费时间、浪费生命画上等号，即使是孩子，似乎也是不可以的。然而欧洲人竟然特意给孩子"Freispiel"时间，这样能有竞争力吗？但事实上证明，这样从小有着"Freispiel"时间的德国人，自诺贝尔奖设立以来，获得诺贝尔奖的人数，将近总数的一半（其中包含移民美国、加拿大的德裔）。换句话说，8 200万的德国人分享了近半的诺贝尔奖，而全球另外的60多亿人口，只获得了剩下的一半。

对德国老师来说，孩子们每天的户外活动都是他们对这个世界不同的"探险"，这再也理所当然不过。孩子就是要通过"玩"来发现世界上更多新奇有趣的事物，无论是人文的还是自然的知识经验，都在孩子们以为的玩乐过程中，扎根于无形。

宝宝要入园，妈妈早准备

幼儿园的老师们，更是鼓励孩子在安全的范围内，开心地玩，用心去观察，更期待孩子们透过这些来问老师问题，用"尝试"去累积各种经验值：比如他们会边走认识植物；边走边认识住家附近的环境；在森林里观察大自然的万物；他们尝试着与大自然交流，与动物共处。

在户外活动中，孩子也学会分工合作、互助，并学着注意安全。因此几乎每天都要"出去走走"的这个过程，累积着孩子的观察力，"Freispiel"的时间，培养着孩子的创造力。老师用心呵护，也鼓励孩子跌跌撞撞成长——也只有跌跌撞撞地成长，收获才更多！

小 K 的德国幼儿园老师 Frau Wagner(华格纳老师) 曾经不止一次地与我分享她带孩子超过 20 年的经验之谈，她说："孩子就是要经常在户外探险，大自然就是他们的教室。过度干预和保护孩子，会夺走孩子的自信，减低孩子的创造力。"

反观亚洲人，经常过度地保护孩子，无形中让孩子失去了探索世界的本心和能力。可以说许多亚洲的孩子，几乎从幼儿园开始，就开始成绩至上、学习至上，而德国的孩子 (也可以说大多数的欧洲孩子) 则从幼年就开始被不遗余力地培养着将来长大之后所需的综合力，而不仅仅着重于成绩。

因此，"Freispiel"时间对孩子来说真的是太重要了，尤其在从幼儿园到小学的这个阶段里，更是不可缺少的，让孩子在自由自在、无忧无虑的年纪里，尽情探索，为将来的成长所需的"综合能力"奠定更好的基础。

注释：

①芬多精（英语：Phytoncide）是植物所排放的抗菌挥发性有机化合物。大多数植物都具有防御霉菌或细菌的芬多精。Phytoncide 一词最早是 1930 年由苏联国立列宁格勒（今为圣彼得堡）大学生化学教授 Boris P. Tokin 博士提出的。他发现有些植物会释放高活性的物质，避免植物本身腐烂或被动物或昆虫所食。植物会释放超过 5 000 种的挥发性物质来对抗细菌、真菌及昆虫，芬多精具有杀菌能力。

宝宝要入园，妈妈早准备

5. 选择什么样的幼儿园？

选择幼儿园，可以说是家长们很重视的一件事，因此孩子到了可以上幼儿园的年龄，家长们便开始伤脑筋。

选择什么样的幼儿园才是最好的呢？随着时代进步，我们有了更多选择：私立双语的幼儿园？标榜孩子与自然接触的华德福学校[①]？蒙特梭利式教学的幼儿园？或者是一般的幼儿园，离家近的即可？

首先，家长得考虑自己的孩子状况来做决定。

不少父母以为帮孩子找才艺多、双语的幼儿园，似乎是对孩子好的选择，因此总愿意花大把的钱，让孩子上昂贵的幼儿园。这样的选择不能说是错误的，但其实选择幼儿园，最重要的一件事，就是孩子是否适合和适应这个幼儿园，因此多方的比较，甚至有机会让孩子试读，是最重要的选择依据。

德国的幼儿园认为孩子应该学到什么？

第一章 选择&准备——孩子喜欢上的就是好幼儿园

在我过往的经验中，孩子在一个有安全感的环境中，便更能够好好地学习与成长，因此幼儿园的选择的确十分重要。幼儿园通常是孩子的第一个社交场所，一般也是进入小学的一个过渡训练场所，所以对孩子来说，喜欢上学，会给未来的学习揭开美好的序幕。

而具体几岁上幼儿园呢？则真的就是需要看孩子的成熟度和个人需求。德国有很多孩子没有上过幼儿园，这样的情况之下，父母亲就需要费心更多，才可以为孩子将来接轨上小学，做好准备。除此之外，大多数的父母还是会在适当的时间将孩子送入幼儿园就读。如果是双薪家庭，只要孩子的成熟度够，3岁就可以送进幼儿园，有些孩子成熟比较晚的，4岁或5岁，都可以是很好的选择时机。

0~6岁，是孩子学习语言、建立习惯非常重要的关键时期，这个时期若是能够把基本的生活习惯、价值观的基础、语言的基础奠定好，未来入小学之后的适应和学习，一般也会比较有正面的帮助和影响。

在选择幼儿园时，要考虑的是老师和孩子的师生比例，不要一个老师照顾过多的孩子，倘若如此，孩子很多的细节老师是无法观察与发现的，就更不用说引导孩子了。因为在这个时期，老师给孩子的教导和引导，有很关键性的作用。

其次，选择户外活动多的幼儿园。大家经常忽略了这一点的重要性。这个年龄的孩子，多半专注的时间还无法太长久，乖乖地坐在教室中，或是大多是静态的活动和教学，并不容易吸引孩子的注意力。因此如果

可以，让孩子多在户外活动，除了锻炼体力，各项游戏和活动反而对孩子的专注力培养有正面的帮助。

此外，让孩子动手做，也是这个时期给孩子最大的好处。在德国幼儿园中，老师会让孩子体验爬树的乐趣，让孩子做简单的科学实验，说故事给孩子听，让孩子从这些不同的活动或游戏当中，了解世界的有趣之处，也认识生活中的危险之处，教孩子保护自己，老师也借此发现孩子的长处与优势。

比如在德国幼儿园中，幼儿园会让孩子尝试使用刀具制作小东西，在这些工艺制作之前，最重要的就是：让孩子知道如何"正确"与"安全"地使用工具。学会使用工具之后，便可以避免受伤，也更训练孩子的专注力。这绝对是一件一举数得的事。

我们大多不知道，孩子的专注力并非完全天生可成，也并不是只有识字的学习才可以培养，从这些生活的实际操作中，培养出的专注力更为有用，这也是奠定将来孩子学习的最重要基础。因此我在德国学习到的是：比起学了多少英文词汇，德国父母更重视孩子玩得开不开心，是不是能专注地玩！

因为，真正开心地上学，才能有更好的学习。

有很多家长关心是否需要给孩子选择双语的教育，不要输在起跑线上。其实语言能力的培养，是奠定孩子思考能力的基础，如果成长环境中太少人说话，孩子对语言的反应会变差，因此上幼儿园之前，妈妈可以在家念故事书给孩子听，奠定孩子的语言基础。而在选择幼儿园时，可以选择有老师多说故事给孩子听的幼儿园。

幼儿园是个孩子各种能力累积的时期，有没有同时学习外语并不是最重要的事。外语不一定是越早学习就可以学得越好的。

最好可以先奠定母语的基础，也就是孩子已经可用母语完全且清楚地表达自己的想法，那么就可以考虑为他选择双语的幼儿园。当然这幼儿园最好不教外语识字，而仅是多一种语言的接触学习。如果是母语表达的锻炼还不是很好的孩子，则最好为孩子打好母语的基础，再思考是否适合开始学外语。

幼儿园是孩子的第一所学习场所，因此，也可以尝试混龄教学的幼儿园。现代人孩子生得少，混龄的教学——也就是让大的小的孩子和孩子玩在一起，对孩子人际关系的相处与培养，有很大的帮助。也就是从此时开始，孩子必须学习如何与各种不同年龄的孩子相处——从这个相处当中，老师引导孩子帮助年幼的同学，并且向年长的同学学习。

幼儿园其实就是孩子小型的社会，孩子的社交基础从此时可以开始建立雏形，对未来才更有帮助。这比起是否识字比别人多、学习比别人快来得更为重要，却常常被家长们轻易地疏忽了。

所以在为孩子选择幼儿园时，最重要的考虑是孩子是否开心，这个

宝宝要入园，妈妈早准备

环境是否可以给孩子好的成长空间和培养，老师的专业度和耐心是否可以给孩子做最好的启蒙。

最重要的是，家长一定要看自己孩子的需求和个性，而不是赶着和大家一起排队挤着去"明星"幼儿园。如果不是孩子适合的幼儿园，即使花了许多时间和金钱，孩子也不开心，坏了孩子学习的"胃口"、迟缓了孩子学习的动机，是非常得不偿失的。

注释：
①华德福教育是全球最大的另类教育运动。

华德福教育，简单地说，是一种以人为本，注重身体和心灵整体健康和谐发展的全人教育。体系主张按照人的意识发展规律，针对意识的成长阶段来设置教学内容，以便于人的身体、生命体、灵魂体和精神体都得到恰如其分的发展。

课程设置是根据儿童不同阶段的意识发展，针对意志、感觉和思考，对儿童的身、心、灵、精神进行整体平衡教育，并结合儿童与生俱来的智慧和独特的个性本质，进行深层意识教育，协助儿童的智慧生成。

第一所华德福学校于1919年创立于德国的斯图加特(Stuttgart)。当时，一位德国企业家依米尔·默特(Emil Molt)邀请鲁道夫·史代纳，根据人智学的研究成果，为他的香烟厂工人的子弟办一所学校，并以工厂的名字Waldorf Astoria命名为Freie Waldorf Schule。

这所学校办得很成功，被认为是代表未来教育的典范。

凡是实践这一教育理念的学校都被称为华德福学校（Waldorf School），也被称为鲁道夫·史代纳学校（Rudolf Steiner School）。

华德福教育在很多国家的发展都是处于民间发展状态。

一些热心教育的有识之士，希望通过华德福教育，来净化功利社会，在教育过程中，帮助成人和孩子在物质社会的大潮中，把握自己的精神生活，寻找自己生命的使命和对自己负责。

华德福教育，遵循人类发展的天性和规律，通过独特的方法和渠道，在深入地体验和审视自我的基础上，深入细致地对每个学生的生命和本质进行全面的观察和研究。并根据学生的发展阶段，以学生的意志、感觉和思考的发展需求为目标，促进学生的身体、心灵和精神平衡和谐地发展，最终帮助学生成为一个具有创造性、道德感和责任感的能够独立思考的人。

华德福教学法将儿童的成长分成三个阶段，每个阶段大约7年。

早期教育注重于实践和手工活动并提供利于创新性玩耍的环境。

在小学，重点是发展小学生的艺术才能和社会技能，培育创新和分析理解能力。中学注重于发展批判性思维和培育理想。

这种教育模式始终强调想象力在学习过程中的重要性，并且将价值观融合在学术、实践和艺术追求中。

全球现有1 000多所独立的华德福学校。

华德福学校在世界分布情况：

洲	学校数量	国家数
非洲	22	5
亚洲	61	13
欧洲	734	40
北美洲	190	2
大洋洲	60	3

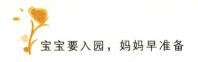
宝宝要入园，妈妈早准备

续表

洲	学校数量	国家数
南美洲	58	6
中美洲	15	6
总数	1140	75

(数据源：维基百科 百度百科)

6. 关于转学

儿子小K小的时候，因为小K爸爸念书和工作的关系，小K念过3个国家的5所幼儿园、两个国家的3所小学。这样的转换，对孩子真的好吗？

所以经常有人问我许多相关的问题：小K念过那么多幼儿园？你为什么帮他转学？

以我们家的例子，转学大多是因为搬家，或者孩子在学校过得不开心。如果是刻意地转学，那么就要认真思考：孩子在一个学校无法久待，是否是孩子自己本身无法适应的问题？如果是其他不可抗拒的因素，就应该考虑孩子在每一个新学校的适应问题。

关于孩子转学，并没有所谓的好与不好，也不是需不需要的问题，通常为孩子选幼儿园，最重要的一点是孩子是否能够融入这个学校，他在这个幼儿园中能不能开心自在地学习以及与老师、同学们相处。

宝宝要入园，妈妈早准备

幼儿园阶段对孩子来说，是奠定友谊和社交基础的时期，若非不得已的状况——如搬家或是孩子适应不好、与这个幼儿园不兼容，让孩子在这个时期处于一个稳定的环境中是比较适当的。

小K在苏格兰格拉斯哥与德国幼儿园时期，各转了一次学，原因不是搬家，而是小K和学校不兼容。由于小K在学校中存在过多的情绪和与同学相处的外在状况，我们才决定让他转学。

在格拉斯哥读的第一所幼儿园，因为小K当时英文还不是很好，老师要照顾过多的孩子，因此无法给他过多的帮助；他又因为新来乍到，显得与其他孩子格格不入，所以除了到学校待一个早上之外，可以说没有什么其他收获，也没有交到什么新朋友。只有一位每星期五才来的实习教师，愿意多帮助小K适应环境，并且说故事给他听，小K非常喜欢她，往往星期五就过得非常开心；其他的日子，都希望我快点来接他放学。

如此两个月下来，小K并不开心，也不想去上学。

孩子经常不想上学，大多是因为在学校过得不开心。于是我决定帮他转学，转到了另一所私立幼儿园。虽然学费贵一些，但是小K除了语言进步神速之外，也和同学老师发展了良好的关系。

到了德国之后，为了让他快速适应环境，一开始我们为小K选了说英语的国际学校。英国因学制的问题，5岁入小学，而德国学制是6岁入小学，若留在英国，当时5岁的小K必须进入小学就读，而在德国，年龄未足，于是必须再继续上幼儿园。

刚开始在德国上国际学校，小K还算可以适应，但是过了两个月，又浮现出了问题：国际学校的孩子来自各个不同国家，语言水平参差不齐，已经训练了两年英语的小K，英语水平已达一定程度，发现老师教的他都会了，于是和另一个美国孩子一起调皮捣蛋。每天联络本上写满了老师的"告状"，弄得我不堪其扰，而老师似乎也无法帮助小K解决他所面临的问题。再加上看到许多严重的霸凌现象，学校的管理不佳，孩子学不到东西开始捣蛋，行为也没有受到该有的约束，我们认为这样的学校失去了对小K教育的意义。

另一个原因，是因国际学校离家较远，用于交通的时间太长，我想把孩子送到比较近的学校就读。小K既然在国际学校无法过得开心，那就不要再牺牲孩子的睡眠时间，每天往返近两小时去上学。睡饱了，有助于生长，也有助于学习。

因此小K再度转学到一般的德国幼儿园，离家近，老师也都极有耐心。

虽然就读德国幼儿园一开始面临重新再学一种新语言的挑战，但是小K似乎比较适应德国的学校，也和老师以及其他同学们相处愉快，并且行为各方面都受到了良好的导正与规范。重点是小K在学校开心极了，每天回家都会不断分享自己所学到的新事物，也不断地认识新朋友。因此，小K在此幼儿园得以继续成长，一直到进入德国小学。

宝宝要入园，妈妈早准备

许多朋友笑说我效仿"孟母三迁"，说实话，我也并不愿意一直帮孩子转学。小K和身边许多孩子的经验，说明了环境和学校对孩子的影响是很重大的，但也不是一定得不断转学才是对孩子最好。许多家长会希望孩子好而自行帮孩子转学。其实在为孩子转学前，必须要先有一段时间的"观察期"，仔细地确认孩子是否真的过得不开心，再加上对交通、经费等进行多方考虑再做决定，才是最好的选择。不要一遇到困难就转学，这样除了给自己找麻烦之外，也并不一定对孩子最好。

转学，对孩子来说最重要的，是他的心理状态。

转学前要先告知孩子转学的原因，并且征询孩子的意见。到了新学校，可以和老师商量，尽快地帮助孩子交新朋友，才可以让孩子在新的、陌生环境中迅速地找到自己的定位，才能融入新团体，也才可以快乐地学习与成长。

7. 进入幼儿园孩子的适应期

每个人面对新环境的时候，都需要有一段适应期，孩子进幼儿园也是如此。

在台湾，我曾经看过许多幼儿园里都有上演十八相送、"孩子号啕大哭，妈妈很不忍心"的戏码，甚至有的时候没办法只好把孩子带回家，或者心一狠，把孩子直接扔进幼儿园走人，把问题丢给老师。而老师若也无法安抚孩子的时候，该怎么办？

我应该算是幸运的。小K3岁在台湾第一次进幼儿园的时候，并没有这般难缠的景象发生，但是我在他的同学中看到不少这种情形，最后搞得妈妈上班迟到，而老师也没办法，硬是把孩子带进幼儿园，场面惨不忍睹。

当时我用的是讲理的方式，跟小K说："妈妈必须去上班，还需要去办一些重要的事，一放学，我一定第一个来接你，老师会带你玩

很多好玩的事喔。"最重要的是，承诺了一定要做到，并且和老师保持一致性的态度，才可以建立起孩子的信任感和安全感，这也是往后孩子学习非常重要的基础。

如果可以，最好的方式，是让孩子先上半天的课，再开始延长时间。

这样的做法有什么样的好处呢？首先是孩子一开始在幼儿园的时间没有那么长，可以借由这样的方式来帮助孩子适应学校的环境以及老师、同学，熟悉之后，就可以很快地融入幼儿园生活。

搬到了苏格兰后，4岁的小K和我又一次面临分离焦虑的考验。因为语言的转换，对孩子来说，是除了环境及与同学老师之间的互动相处之外非常严苛的挑战，尤其是在国外。我身边有很多的家长，认为孩子学习力强，学语言很容易，把他丢到那个环境就成了！当然这样的想法并非完全错误，但也必须建立于孩子心理状况平稳的基础上，才能达到学习快速的效果。否则孩子一味地抗拒环境，反而容易对孩子的身心造成不良后果，更不用说是学习了！

苏格兰幼儿园老师的方式是如何的呢？

小K在爱丁堡进入第一个幼儿园时，就受到这个严苛的考验。但是幼儿园的做法让我觉得非常安心，也非常有效。

第一天来到幼儿园，由于是新学生，老师会马上主动过来牵着小K的手带他进入幼儿园，先降低孩子的排拒感，很温柔地告诉小K："跟妈妈说再见,等一下妈妈就来接你了。"

这就让孩子没有太多时间思考"要离开妈妈去上学"这件事。接着另一位老师将我带到园内的一处会客室,里面有书报杂志。幼儿园老师告诉我在这里等待一小时,如果孩子可以适应,明天家长就可以送完孩子之后离开学校了。

就这样一步一步建立起孩子的安全感,信任老师,熟悉环境和同学,慢慢地孩子就很快适应了。当然,除了家长,还得需要受过幼儿专业培训的老师耐心引导和帮助。

后来到了德国幼儿园,一句德语都不会的小K初入学的时候受到更加严峻的考验,不过由于已经有了之前在苏格兰的经验,小K对幼儿园的排斥感并没有初次转换么大,也算是好的开始。每天,我先在门口和小K沟通到他跟我说"再见",接着德国幼儿园老师带来一个同是亚洲孩子的小朋友和他认识,带着他进去,降低小K的排斥感。断断续续地持续了一个多月之后,小K慢慢适应了幼儿园的生活,语言也在与老师同学的互动中累积,慢慢地就习惯并且爱上学校的生活了。

因此,给孩子适应的时间和帮助孩子适应的方法非常重要,是家长和老师不可忽视的一环,有了对环境的安全感,那些所谓的学习,就很快地完全没问题了!

在小K小的时候,并没有那么多的育儿信息可以参考,我必须在摸

宝宝要入园，妈妈早准备

索中去学习如何照顾到孩子的情绪和心态。我直觉地认为，我需要用一些讲理且循序渐进的方式来对待他的分离情绪。而在老人家的眼中，他们总认为：不是都这样吗？不需要特别跟孩子讲什么，3岁孩子能懂什么？

这是将来孩子对父母亲的信任和依赖最初的基础——很多家长到了后来都觉得孩子阳奉阴违，其实最重要的是因为家长并没有从小和孩子建立起畅通的信任渠道。

而我最初会有与孩子沟通的观念，是来自我本身小时候不好的经验。大约是小学一、二年级的时候，学校有远足，妈妈带我去买远足的点心，但我在一转身时，发现我妈不见了，当场号啕大哭，引来一堆人侧目，以为发生了什么事呢。后来妈妈出现了，很凶地把我骂了一顿："我就在前面帮你看东西，你在这边号啕大哭，你是怎么回事？"

这件事后来妈妈每逢遇到亲戚朋友便说，让我觉得自己是个胆小没用的小孩。一直到了大学我还听我妈说了几次，于是我当时便下定决心：当我有孩子的时候，我一定好好跟他说明，不管他懂不懂，这是一个妈妈对待孩子较好的方式。

这个做法在17年前，应该算是相当"进步"的吧。但是我到了欧洲之后，看到欧洲的妈妈对待孩子都是如此，而德国人更是做得彻底，不仅家长如此耐心说明，连老师对待孩子也都是以他可以理解的语言来对孩子详细说明，从而培养孩子讲理、不任性骄纵的习惯。

所以孩子对环境的适应，来自他对环境、对人的信任，有了信任，才能让孩子产生安全感和信赖度。因此当孩子进入学校之时，适应期是很重要的，别急着担心自己的孩子比别人适应得晚、适应得慢会对学习有所影响，每个孩子有自己的成长节奏，我们必须耐心引导与陪伴。

参考做法：
·适应期的长短，完全取决于孩子的状况，每个孩子不尽相同。
·幼儿园老师用适当的方式转移孩子的目标。
·家长与老师配合，并讨论出对孩子而言最好的适应方式，来协助孩子适应环境。
·尽量不要用强迫的方式，这样容易让孩子对上学这件事产生排斥感。

第二章

生活 & 习惯
—— 在幼儿园该学什么？

第二章 生活＆习惯 ——在幼儿园该学什么？

1. 规矩——建立孩子正确的判断能力

孩子到了一定的年纪还会做错很多事，大多数是因为幼儿时的教育不扎实，或者说不够落实，需要外力来管束，才能拥有自制力，其实这是很糟糕的。在幼儿成长的过程中，学习自律而非他律，是一件重要无比的事，因为这关系着孩子的人格养成，在德国的幼儿教育中，让孩子学会有正确的判断力，是一个重要的环节。

太过于纵容孩子，我们常会以为是给孩子成长空间，但是事实上，基于尊重之上有规矩的自由，才是让孩子得以自由发展的最好方式。而其中的拿捏尺度，需要幼儿园老师和家长来共同把关。

就拿我们生活中最简单的垃圾分类这件事来说吧。

到德国旅行过的人应该都会发现，德国的垃圾分类做得极为彻底，而且每个人都可以随手分类，上街用自己的购物袋，尽量减少塑料垃圾的使用，而这样的观念，在德国已是相当的根深蒂固，他们是怎么做

宝宝要入园，妈妈早准备

到的呢？秘诀并没有太令人震惊的方式：从小做起。

近日受台湾一个县环保局的邀请，我分享了如何推行和推广环保教育。由于现代化的发展，我们生活的环境也越来越糟，因此环境保护的议题备受重视。有鉴于基础教育的重要性，环保局决定要落实扎根，效法德国环保的一些做法，其中最基本的垃圾分类是着手的重点，而垃圾分类的教育，要从幼儿园做起。

在这场"如何将环保观念落实到幼儿园中"的小型环保会议中，我分享了德国幼儿园、小学垃圾分类的情形。在学校内有四种垃圾回收桶：一般垃圾、纸类、塑料类、玻璃瓶，老师会告诉孩子如何分类，在为垃圾分类的同时，孩子们学到了遵守这个规矩对环境的重要性，也认识了这些垃圾的材质，从小学习了规范，这便自然而然成为孩子认知中的一部分了。

环保的议题在全世界越来越受重视，而德国是全世界环保教育做得最好的国家之一。这些并非一朝一夕可成，而是从孩子幼儿时期开始扎根，给孩子灌输正确的环保规矩和知识，才能有如今大家所看到的成果。

这小例子只是生活中规矩的一小部分而已。此外，生活中还有许多孩子必须遵守的规矩：

比如用餐完毕若先离开餐桌，必须先告知同桌用餐的人；吃饭的时候刀叉尽量不要发出碰撞的声音；吃饭咀嚼不可以发出声响；同学说话或老师说话的时候，不可以任意插嘴，课程中一定要举手才可以发言，孩子也要学习不随意中断他人的谈话。在德国幼儿园中、家庭中，这就是规矩。

可能大家没想到，看起来随意的西方人，竟然有如此多的"规矩"，而这些我常说是他们"温柔的坚持"，会给孩子接受这些规矩的理由。不像我们小时候，问大人为什么要这样，为什么要那样，得到长辈的回答是："小孩子有耳朵没嘴巴（用闽南语发音应该更传神），不要问那么多，照着做就对了！"

这种权威式的规矩训练，让当时还是孩子的我们很不服气，却又不敢反抗，只好勉强接受。相比之下，西方人严厉却温和的做法，显然成效好了许多，也比较不会造成亲子上下的对立关系，不至于双方剑拔弩张。

还看过国内有家长"恐吓式"训练规矩的：

"你看隔壁的小朋友那么乖，都会自己吃饭，你为什么不能乖乖坐好吃？"

"你东西可以不要乱放吗？你再不把东西收拾好，我找警察伯伯来抓你。"为了给孩子立规矩，却抹黑了警察伯伯，警察、公安可是维持社会安宁、保护民众的呀，这样做，孩子会对这个角色产生不好的印象，所以这并非正确的做法。

宝宝要入园，妈妈早准备

我们常觉得欧洲的孩子很乖、很守规矩，是怎么做到的呢？

所谓无规矩不成方圆，德国人虽然凡事一板一眼，但是限制孩子在许可、安全的范围内，让他们可以尽情自由自在地成长，并不过多干涉；然而孩子一旦踩线，就会受到严厉的警告和惩罚。比如不可以打人、不可以任意抢夺其他孩子的东西，等等，一旦发生，老师和家长都会好好处理，借机教育。

而当孩子犯错的时候，老师会反问："你觉得这样是对的吗？合理的吗？"如果孩子并未意识到自己的错误，要为孩子耐心地解说原委，告知什么是对的、什么是不对的。也就是在生活中不断创造机会教育，孩子做得好，一定要不吝啬称赞他的努力；做错了，就要严厉纠正，甚至适当地给予处罚。

所以，养成孩子的判断力，是一件重要的事，也是个漫长的过程，而规矩是帮助他们养成判断力的度量衡。在这样已经被规矩架构好的范围内，孩子可以慢慢地培养自己对任何事的判断力。规矩是给孩子判断力的准则教育，孩子会用这样的准则，累积自己的成长经验，慢慢学会做出正确的判断，比较不会因为情绪的反弹而有故意唱反调的表现。即使有，孩子心中的那把尺，也知道哪些是不对的。

第二章 生活＆习惯 ——在幼儿园该学什么？

2. 生活习惯的建立

我们常希望孩子建立良好的生活习惯，但是经常都不知该怎么做。有时候执行得太严格，让孩子受限很多；但是管得太松，生活习惯又建立不了。这就让人经常陷入两难的状况。

生活习惯的建立，是奠定孩子成长的基础和能力。

德国的幼儿教育，无论是在家里还是在幼儿园里，都必须从生活的每个环节学习起，要孩子学会自理，并建立起规律的生活习惯是多么艰巨的任务！在这里可以分享一下德国幼儿园的做法，有些是相当不错的。

习惯建立可以分许多方面来说，每一个小细节都可能影响着将来孩子的不同发展。孩子在上幼儿园时，妈妈常会担心孩子在幼儿园中不太会好好吃饭，因此这时候幼儿园中老师对于孩子的规范就很重要了。通常幼儿园的用餐时间是固定的，用餐时间一到，孩子都必须坐在一起用餐，就像我们希望孩子学会使用筷子一样，德国幼儿园老师规定孩子必

宝宝要入园，妈妈早准备

须用刀叉用餐，不可以用手抓食物，一来是为了卫生问题，担心孩子病从口入，另外也怕食物过烫，会使孩子受伤，因此学会用刀叉汤匙用餐，是孩子必须建立的基本习惯。哪怕孩子用刀叉不够熟练，掉在桌上、地上的食物有时可能比吃进肚子里的还多，幼儿园老师也还是非常坚持。

而吃饭时间也是有规定的。老师会给予孩子充分的时间吃饭，并且教导他们吃饭时的礼仪。但是午餐时间结束，或者孩子开始把午餐当成"玩具"玩起来，老师就会收起午餐，告诉孩子如果肚子饿了，下午吃点心的时候再吃。德国人认为，孩子不吃就是已经吃饱了，即使吃得不多，不是我们所预期的分量。他们尽量帮助孩子保持着对于食物的"兴趣"，不将吃饭视为一件苦差事，而是可以享受食物带来的美味。

一顿饭下来，孩子可能满脸、满手都沾满了酱料酱汁，但老师都非常镇定地要孩子们去洗洗手，整理干净了才离开。喝水也是，老师会教孩子如何自己倒水，即使打翻了也没关系。久而久之，良好的饮食习惯和态度就渐渐地养成了。

幼儿时期中，更是为孩子设定良好常规的开始，也就是什么时间该做什么事，这对孩子的安全感方面也有正向的帮助。比如：吃完饭要自己将餐具收拾到指定位置，午睡时间到了需要自己去整理自己的午睡床，午睡起床之后，得自己把床垫归回原位。德国幼儿园内的午睡方式，是每个人有一个个人的小床垫，接着自己选一个喜欢的位置放置好，然后拿自己留在幼儿园的寝具（被子、枕头、小玩偶等），开始午睡。

第二章 生活＆习惯 ——在幼儿园该学什么？

每一种习惯都从生活中每一天的实际行动中慢慢淬炼出来，用正面指示取代严格的负面禁止，会有效许多。

至于幼儿园的老师如何教导孩子收东西：

每次劳作完、吃完点心、玩过玩具，孩子都必须自己收拾。

一开始老师会带领着小朋友一起收拾。教室中每一种积木、玩具、桌上游戏、书籍、彩色铅笔、水杯等都有它们固定的箱子，使用完之后，就要归位。每个孩子都一起做，时间一久，它就变成了一种习惯。

我们常说，要从小养成良好的习惯，而良好的习惯，需要的是行动和持之以恒。幼儿园的孩子，由老师来主导，让他们自然而然地养成生活习惯，虽然可能一时之间不会看见有很大的成效或改变，但是长久下来，无论是礼仪还是一些基础的生活习惯，都在无形中得以落实与养成。在德国的幼教理念当中，这是一件比任何事都重要的事！

常常我们会因着自己的习惯，让孩子跟随着我们大人的作息，这对孩子来说是不好的，孩子该有孩子自己的作息，和大人的生活不应该同步，如果大人每天都很晚上床，也任由孩子很晚睡觉，对孩子不是好事。

这一点，德国孩子很不可思议，他们每天上床的时间，是晚上七点。没有看错，是晚上七点，顶多到七点半，孩子都会被赶上床睡觉。幼儿园的孩子在学校也睡午觉，大多数的人一定会想：那么早上床，孩子怎么睡得着呢？事实上，大多数的孩子运动量都极大，德国幼儿园中，会

宝宝要入园，妈妈早准备

给孩子大量的玩耍和运动时间，跑步、爬树、追逐……这些活动，都会消耗孩子很多的体力，晚上当然可以睡得又香又甜！

因此，有足够的活动空间，是每个德国幼儿园的必备条件。

所以很神奇的，德国家庭几乎90%以上的学龄前孩子，七点半以前一定都会上床睡觉，如此不但给孩子规律了生活习惯，也给父母留下了一些自己的时间。

所以在幼儿园中建立孩子的生活作息和基本习惯，是幼儿园中很重要的一项。老师会使用积极的行动，代替喋喋不休的言语，对孩子进行动手多于动口的训练，不能否认，这个效果是相当不错的。小K在这样的训练下，很快使自己作息规律，而有了规律的生活，后来发现他做事也会较有规划。从小在德国养成的习惯，到了回台湾许多年之后，小K依然受用。

生活习惯的建立，在孩子早期教育中是非常重要的事，给孩子既定的一个生活模式，对孩子来说更有安全感，可以说是为孩子将来的学习奠定了良好的基础。

3. 孩子生病了怎么办？

现在孩子生得少，父母对孩子的关注越来越多，从衣食住行到娱乐，几乎可以说无所不管。

而孩子进幼儿园，已经成为许多父母如临大敌的"大事"。

其实在众多的担心当中，通常父母亲们最担心的，莫过于"孩子生病了怎么办"这件事。尤其在幼儿园中，孩子很容易交叉感染，尤其若是在密闭的教室空间当中，抵抗力不强的孩子，的确容易生病。时常也有人问我：你的孩子在幼儿园会很容易生病吗？

小K在进入幼儿园之初，年纪很小，两三岁，的确是很容易生病，但是生过几次病之后，我发现小K的抵抗力变好了，感冒生病反而让孩子激发了自身的抵抗力。之后再小心些，多多地搭配运动增加抵抗力，其实这样的问题就不是太大。

一开始我也是与大多数的妈妈一样，焦虑得不得了，而这些小心翼

宝宝要入园，妈妈早准备

翼的担心，在我们移居欧洲之后得以改观，以至于到后来，观念完全被重整再建。

先来说说幼儿园时期我带小K在苏格兰的看病经历。

到了国外，才发现西方人对待孩子普通生病(大病或特殊的病的确是得尽快就医的，这里说的是感冒之类的小毛病)的态度是怎样的。

国外的诊所，可不是24小时便利商店一般，随时等待病人上门。除了某些大医院之外，所有的小医院、小诊所，是有"营业时间"的，是会"打烊"的。

在爱丁堡时，有一天傍晚七点多，吃完晚饭，我发现小K发烧了。

这个时间，所有的诊所都关门了，该不该去看呢？还是等明天再说？由于时间还早，加上孩子看起来很不舒服，因此我们很快决定，还是得带他去看医生、挂急诊。

但是，第一个问题来了：医院在哪里？

老公找出了语言学校提供给外来学生的医院列表，找寻医院的地址。搜寻之后的结果，发现所有爱丁堡市区的大医院都列出来了，但根本不知道该去哪一家。

我念头一转，先叫出租车好了——出租车司机一定知道医院在哪里，连问都不必问了。

第二章 生活&习惯 ——在幼儿园该学什么？

果然，出租车很快在五分钟后到达我们的住处。

"请送我们到医院，孩子生病了。"我有些着急地说。

"要到哪一家医院？"司机问。

"我们不知道哪里有医院，请问你知道吗？"

"我知道有家儿童医院，不远，大约十分钟。"司机一边帮我们开门，一边说。

"好！就是那里！"我想，管他医院在哪里，反正请你负责载到就是。

这位好心的司机，车开得飞快，大概以为小孩有什么大的问题，路上一刻也没耽搁，五六分钟之后就到了医院。

一下车，发着烧的小K居然一口吐了出来。我心想：发烧加上呕吐，挺严重的，这下可真是糟糕了。清理了呕吐物之后，我们进入医院。

这是一个完全属于儿童的医院，但是却一点儿也不像医院。墙上挂了许多卡通图案，另一个角落更是像幼儿园一般，堆满了玩具，有些孩子根本忘了自己在生病，在椅子上爬上爬下，玩着玩具等待医生。

这是儿童医院急诊室，但急诊室内却没有一个人看起来"急"，医生、护士、挂号人员都慢条斯理，还有一个十来岁的孩子，手上拿着一个盆子不断地呕吐，但神情却很自若。挂号排队也慢慢来，真是奇特的医院！和我们记忆中一堆小孩大声号哭、大人小孩挤成一堆的忙碌景象，

宝宝要入园，妈妈早准备

完全不同。

挂了号，等待了约半小时，轮到我们。

一位女医师走过来，温柔地问："怎么啦？"

我们叙述了小K的症状，哦，刚才医院门口的那一场呕吐，也加了上去。

护士小姐给我们一个杯子，让他去厕所排些尿液，以便检验。

进了厕所，趁着小K在"酝酿"尿意的时间，我问老公："为什么要验尿啊？有其他问题吗？"

"我怎么知道！我又不是医生！"好吧，算我没问。

验完尿之后，医生又做了些检查，告诉我们：应该是一般的感冒，喉咙发炎引起发烧。我印象很深刻，那位秀气的女医师反问我："你们在担心什么？"

一般英国小孩上医院，是有比较大的毛病，像我们这样感冒就来挂急诊的，大概很少见，说不定还是她第一次见到呢！但是，我当时的想法是：感冒可大可小啊，我又不是医生，如何能判断他究竟是感冒还是其他更严重的问题？

接下来，医生开了一小口的退烧药，甜的，小K没有反抗地吃了，坐在急诊室的床上玩玩具、休息。我们硬是在医院等了两个多小时，等小孩退烧之后才离开。医生最后只开了一瓶退烧药，让他按时吃，如此而已。医生说，是普通感冒，多喝水、多休息就会好的，没特效药。就这样？在台湾看完病可是会带一大堆药包回去呢。

在医院时，小K要喝水，护士居然给冰的！不是喉咙发炎吗？冰的喝了岂不是更严重，还想退烧？最后，我只好将水放在一边，等它"热"一点再喝。回家前医生还叮嘱我们：给他多喝水，如果他要果汁，也可以给他冰果汁。

冰果汁？有没有搞错？英国人果然与我们不太相同。

后来证实，真的就只是感冒一场。下车后的那场呕吐，据我判断，应该是司机开车开得太急了（因为要挂急诊嘛），以他限速内最快的速度送我们到医院，小孩受不了晕车而呕吐，完全与生病无关！

后来我才知道，欧洲人感冒基本上是不去医院看病的，顶多就是去附近诊所让医师看看，除非是几天高烧不退，否则想办法自行退烧、多休息多喝水，或到药房咨询药剂师，吃些减轻症状的药，主要是靠自己的抵抗力来恢复健康。

到了德国，因为居住的时间更长，因此了解得就更多一些了。虽然德国与英国制度不太相同，但基本的概念是相通的。在德国，只要有

宝宝要入园，妈妈早准备

保险，每个人会有一本类似健康护照的黄色本子，打了哪些预防针（包含季节性的流感疫苗），本子上都会有医师签名和记录。尤其是小朋友，要定期到诊所打一些必要的预防针。

我们家附近有一家小型的联合诊所，因此我们都会在那里看诊。这一栋四五层楼高的建筑，里面有儿科、眼科、内科等简单的分科，你可以依照所需去找医师。我喜欢这小诊所的布置，简单大方，在候诊室里还有大型的乐高积木、孩子的玩具车、玩偶、涂鸦区和各式的童话书，让在此等候看医生的孩子不会因为无聊而大声吵闹，家长们也可以安心地在一旁看着孩子翻阅杂志。等候室除了孩子的说话声音之外，没有过大的交谈声，也没有整日播放的电视，大都安安静静，不会让人心情浮躁地等待。

此外诊疗的时间也大都十分充裕，尤其是医生对孩子特别和蔼可亲。儿子小K的家庭医生是一位年轻的医师，他和小K说话都客客气气的，把他当大人一样，每做一个动作，都细心地跟小K说明。例如：

"现在用听诊器，会有一点凉凉的喔。"

"哪里不舒服要跟我说喔。"

"现在把衣服脱掉躺在那张检查床子上，不用担心，只是检查一下而已，不会痛。"

每个动作都细心说明，检查完之后再与家长沟通并询问孩子的情况。

所以孩子都不怕看医生，医生也不会随便给孩子打针或开药，开了药之后还会非常仔细地告知家长服用的时间和方式。

而如果只是普通的感冒，无论大人或孩子，基本上感冒是不需要看医生的，因为即使看了医生，医生也是要求你在家休息、多喝水，并不会开药。因此这个时候，药房就扮演十分重要的角色了。德国的药房基本上比较类似日本的药妆店，里面买的药，除了保健用的健康食品和药之外，还有保养品，而在药房里买的药，基本上吃不死，也好不了，顶多就是减缓因感冒引起的各种症状罢了。（欧洲的药房会有合格的药师，通常咨询药房里的药师会比较妥当，药房里卖的也都是检验合格的药。）

旅居德国时，平日里我会到药房买一些维生素C，当感觉身体有一些不舒服的时候，可以冲泡来喝，尤其德国维生素C十分便宜，不仅在药房，在很多的超市卖场都可以找到，价格最多在一两欧元，可以说是家庭保健的最简易方式，此外还有含有维生素C的蹦蹦Bonbons（糖果或软糖），是小朋友喜欢的，既可以补充维生素，又有吃糖的感觉——吃糖总比吃药感觉好多了！有些人会搭配喝上一些花茶，甚至坊间还有一种写着"感冒茶"的德国花茶呢。

因为经历过这样不吃药治疗感冒的方式，在欧洲居住几年下来，不仅是孩子，我自身的抵抗力也变好了，在尚未去欧洲前，我一感冒就求助医生，吃了药，通常也要两周的时间才会痊愈，有时甚至要拖三周的

宝宝要入园，妈妈早准备

时间才能完全康复，但是在欧洲生活，改变方式让自己的身体可以自主对抗一般普通的感冒病毒，我的身体状况反而变好了，不仅感冒痊愈得快，连感冒的次数也变少了。

而德国幼儿园应对孩子生病的做法，是先让家长带孩子回家，就医或是休息，隔天也不必急着到学校，把身体养好了再上学。这样做，除了对孩子本身生病恢复有帮助之外，同样也是避免传染给同学——如果造成交叉感染，那就更加糟糕了！

建立正确的就医观念，真的可以省去很多的医疗浪费，让医生有时间去帮助那些症状严重且真正需要帮助的病人。

在平日里，要让孩子多多增加抵抗力，生病就医后，可以与医生商量，不要过度给药，在家休息，这才是让孩子身体更健康的方式，而不是如新闻中的幼儿园，以服药来"预防"孩子生病！

第二章 生活＆习惯 ——在幼儿园该学什么？

4. 当孩子开始失控时

亲自带过孩子的妈妈，一定都遇过孩子在外失控的经验，这似乎并不是什么特别稀奇的事儿。

曾经在网络上看过一段影片：

妈妈带着孩子在超级市场里选购必需的用品，孩子走到玩具区驻足不前，拿起一个玩具希望妈妈买给他，被妈妈拒绝了。下一秒孩子马上躺在地上大哭大闹起来，引起许多围观的人侧目。接着下一幕的发生，直接把所有人惊呆了！这位外国妈妈非但没有劝小孩，也没有骂小孩，而是直接躺在地上，学着他儿子的哭闹方式，大吼大叫说她不买。

在一旁侧目的人此时已经转为驻足，想要看看接下来会发生什么事。

这时候儿子停止了哭泣和要赖，眼角挂着泪，目瞪口呆地看着他的妈妈"发疯哭闹"。过了一会儿，看见孩子不吵闹了，这位妈妈立刻爬起来，问孩子："还买吗？"

宝宝要入园,妈妈早准备

儿子还在震惊中,随即摇摇头,默默地把玩具放回去,跟着妈妈继续购物。这位妈妈"以其人之道还治其人之身"的做法,颇令人佩服她的创意和勇气。

可能有人会觉得影片拍得夸张了些,也应该没有妈妈不怕丢脸自己上演这一幕,但这的确是制服孩子当众耍赖的一剂强心针。

当然除此之外,还是有其他做法的。

很多朋友看小K现在极有礼貌、懂事讲理,都极为称赞,其实在小时候,他也有这种当众耍赖的"光荣事迹"。

小K耍赖的地点不是超市,而是百货公司。小K两三岁时,有一次,他想买一个玩具,我们不答应,他虽然没有大哭大叫,但直接趴在地上不肯走,企图"要挟"我们替他买玩具。好言相劝两句无果之后,我直接转移话题告诉他:"我们要走了,你如果不走,就继续躺在地上耍赖吧。"

我和小K爸假装走开,躲到一旁小K看不见的地方,观察他会有什么反应。他在地上继续哭闹了没多久,抬头发现我们都不见了,马上爬起来四处找人,根本忘记自己刚才在吵闹什么。这时我们适时地出现,问他:"我们要回家了,你要一起回家吗?"

小K点点头。而在回家的路上,我告诉小K,可以买的我们会答应,不行的,你吵也没用!从这次以后,小K没有再在公共场合做过同样的

第二章 生活＆习惯 ——在幼儿园该学什么？

事，日后我们还采取了一项措施——也就是进玩具店之前，先约法三章："今天我们只'看'玩具，不能买。"

当他同意的时候我们才进入，如果小K不接受，他就连"看看"的机会也没有了。这是原则问题。家长只要耐心处理第一次的失控，之后坚持原则，孩子就不会再任意挑战你的极限，想要试探是否可以通过大吵大闹达到目的了。

所以相同地，无论在家、在学校，孩子都有情绪失控的时候，而此时对孩子情绪的处理如果做得好，对孩子情商的教育会有极大的帮助。

处理孩子闹脾气的问题，让我又不禁想起小K在苏格兰幼儿园时不吃午餐的事。

因为当时刚到一个新的学校，下午接小K的时候，老师告诉我："小K今天不知道为什么不肯吃午餐，不知道是不是生病了。"

回家后我仔细地观察他，发现他没有生病，一回家就吃了好多东西，我问他："你没吃午餐？"

小K很怕我骂他，点点头。

"为什么不吃？不好吃，还是食物不喜欢？"

小K回答："我不饿。"

好吧，问了半天没什么结果，第二天、第三天，老师说他依然不吃

宝宝要入园，妈妈早准备

午餐。

我很生气地骂了小K一顿，于是第四天他勉强吃了一点。第五天又死灰复燃。虽然只算是小小的失控，但若一直不肯在学校吃午餐，也是件棘手的事呀！于是老师很有耐心地花了一周发现，小K害怕太多人一起在大食堂吃午餐，因为过往没有这样的经验，这样的模式让他紧张焦虑。（在英国，大多数的学校是如《哈利·波特》电影场景中那样，全校学生一起用餐。）

老师找到了问题，帮他拿了午餐到一旁的小桌子上，小K很快吃完了。等到过了一段时间适应后，小K也可以和大家一起在大食堂吃饭了。所以除了家长本身对孩子的留意，幼儿园老师对孩子细心地观察，发现孩子的问题，亦是相当重要的。

我们可以尝试找到引导孩子情绪的方式，找出问题，找到方法，孩子就会变得比较好沟通。而随着年纪的成长，他们也会慢慢可以讲理，我们也可以慢慢借由孩子语言的表达，来理解和处理他们的问题。

在德国期间，德国幼儿园老师曾经告诉我们："其实有时候孩子哭闹并不见得是件坏事。"

特别是对年幼的孩子来说，有时候因为不知如何表达，便会借由哭闹来引起他人的注意或达到目的，但是我们不能因为怕孩子哭闹而完全顺应孩子的要求。德国老师认为，孩子可以表达自己的喜好，这是正常的事,哭闹只是孩子表达的一种方式。从另一个角度来看,哭泣可以视为某种程度的情绪治疗,等孩子发泄完负面情绪,可以听进别人说的话时,再与之好好对话沟通,才是最好的方法。

此外,孩子哭闹失控的时候,也不要全然地忽视,冷漠以对,完全不予回应,如此做法除了会让孩子哭闹得更厉害,对解决孩子哭闹和情绪的问题并无帮助,该坚持的还是不可以随意妥协。如果父母或老师想要尝试让倔强的孩子服从或乖乖听话,这样做不但无法达到效果,有时候还会适得其反。

还有些家长,习惯对孩子用"数到三"的方式:"我数到三你就不可以再哭了,否则我就……"

用这样的恐吓方式,企图让孩子停止哭闹,勉强孩子压抑情绪,其实只能达到一时不哭的效果,并未解决孩子"用哭闹来达到目的"这一问题,同时也失去了让孩子学习处理负面情绪的机会和能力。

也不要通过比他更大声来让孩子安静,最好是给孩子一些时间,等孩子哭完、可以沟通的时候再讲道理。这样的方式是给孩子一个适度的宣泄渠道,与此同时让孩子知道哭闹的后果:并不一定会达到他的目的。用所谓的结果学习法——让孩子知道情绪失控后的后果,才会使孩子有改变的机会。

其实再平静的孩子,也可能会有失控的时候。老师和父母亲要做的,

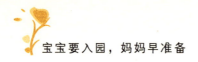
宝宝要入园，妈妈早准备

首先是自己先别失控。可以包容孩子难搞的情绪与个性，但绝不轻易妥协自己的教养原则。

2~3岁是孩子第一个成长叛逆期，而这个阶段是孩子最难搞的时期，也正是孩子人格建立的最佳黄金时期。压抑或强力制止的方式，很容易让孩子缺少练习处理自己负面情绪的机会，从而让孩子失去一些独立自主长大的契机。而过度的安抚和一味的斥责，无法帮助孩子成长，很难教养出独立勇敢、讲理的孩子，况且过度的安抚和斥责，也容易延长孩子的负面情绪时间。父母不要怕孩子失控哭闹，在这时候要处理得当，温柔坚定地坚持自己的教养原则，不容改变，孩子就会慢慢成长，不再以这样的方式来达到目的了。

5. 给孩子选择的权利

亚洲家长习惯于替孩子做决定,也喜欢替孩子做决定。

而且不知不觉,理所当然,从小支配着孩子的每件事、每个生活细节,养成了孩子依赖的习惯——或许中国父母也喜欢这样的依赖。

最常见的一些状况,你一定一点儿都不陌生:

遇到熟人、朋友或亲戚,家长会迫不及待地跟孩子说:"你这孩子,怎么不叫人?"生怕被别人认为孩子没礼貌,是父母的责任。

人家送东西给孩子或是为孩子服务了,孩子都没来得及道谢,妈妈会在一旁冲着孩子说:"说谢谢!"

孩子都还没开口呢,就被爸爸或妈妈抢了词儿,以后就更不会主动说了,久而久之,就真的如您所愿"没礼貌"了。

在德国(欧洲许多国家也大致是如此),聚会或是遇见熟悉的

宝宝要入园，妈妈早准备

人，带着孩子的父母会与人先打招呼，然后直接向友人介绍："这是×××(孩子的名字)。"

对方会立即伸出手和孩子握手，先自我介绍，对孩子说："你好，我是×××，很高兴认识你。"接着孩子就会主动响应："×××你好。"即使孩子怕生，也会伸出手和对方握手，算是打打招呼，这也是一种选择。

如此不必刻意，而且将孩子放在与大人对等的位置，孩子很快就学会这样的礼仪，不必父母每次在一旁不断提醒"还不叫人""快打招呼"了。

刚从德国搬回国内没多久，有一次，我带小K去看病，一进门诊室坐下来，我说孩子生病了。医生看着我问："怎么啦？哪里不舒服？"

我便看着小K，告诉他："你自己告诉医生哪里不舒服。"于是小K便开始自己"阐述病情"。

医生说："感冒了。喉咙有点肿，多喝水多休息，可能会发烧，我给他开点药备着。"接着又问我："你是他姊姊吗？"

我顿时一头雾水。姊姊？我看起来应该不像姊姊啊，为什么这么问？

后来经过医生的解释我才明白，原来一般的妈妈带孩子来看病，不等孩子说，妈妈一股脑儿自己把孩子的症状全说了，仿佛自己生病一般，而姊姊才会叫小孩自己说。

害我还直高兴，以为自己年轻过了头呢，原来是这个原因呀！

第二章 生活＆习惯 ——在幼儿园该学什么？

其实这就是个习惯问题。在德国，医生会认真聆听孩子的声音，要求孩子自己回答，除非是很小的幼儿还不会表达，否则父母若代答，还会受被医师指正："让孩子自己说吧！"

德国医生做每一个动作都会告知病人，即使是孩子，都会与本人先说，再与家长讨论。也就是给孩子发言的权利，也让孩子自动自发意识到自己是独立个体，必须从小学习处理自己的事。

在德国从幼儿园开始，无论学校还是家里，每个生活细节都在给孩子提供学习"自己选择"的机会。若非原则性、有是非性的事，就让孩子自行选择，并学会说 Yes 或 No。你自己的事都不能决定，将来长大如何处理更多的事呢？很多事不是别人可以为你做决定的。所以德国老师和家长会鼓励并要求孩子自己做选择，并从中成长，尤其是和自己相关的事，比如：

"今天想要穿哪一双鞋？"

"想参加踢足球，还是去游泳？"

"今天想走路上学，还是骑单车上学？"

"今天有点冷，你可以自己选择一件外套。"

诸如此类琐碎的事，孩子必须开始练习做决定，为自己的决定负责。

再比如，不小心把东西弄丢了（可能是心爱的玩具，也可能是重要的书本或文具），孩子是选择继续在原地哭泣，还是想办法找回来或

宝宝要入园，妈妈早准备

补救？或者给自己一些时间接受现实？父母可以从旁引导，让孩子做出属于他自己的选择。在孩子成长的过程中，会有无数类似这般大大小小的需要孩子做出选择的十字路口，当父母亲无法在身边的时候，这种平日学习到的能力，便可以帮助孩子做出选择，这正是孩子慢慢迈向自我独立的非常重要的一个环节。

为什么许多孩子在青少年时期缺乏自主意识，会因为同龄人的影响大过父母而容易被同龄人牵着鼻子走？最重要的原因，是其缺乏正确选择的能力。而这样的能力，德国孩子早在幼儿园时期，就已经开始慢慢地培养了。许多事都可以让孩子自己选择，并尝试说明原因，培养其清晰思考的习惯。正确的选择会给孩子带来无穷益处，尤其到了青少年时期之后，有清晰的思考才有判断是非的能力，并不是不需要练习和培养，长大了就可以的。没有什么比可以明辨是非的价值观来得更重要，这种能力的培养，是给孩子最好的礼物。

德国孩子总是在成长过程中不断地学习自我选择，父母慢慢让孩子自己学会该如何选择，选择了之后就要承担后果。

除此之外，在孩子做出选择之后，也可以和孩子讨论，询问他为什么做出这样的选择，训练孩子思考"为什么"。如果这次选择错了，或是选得不够符合自己的需求状况，下次再遇见这样类似的事件选择时，孩子极有可能会有新的、不同的思考。随着孩子年纪的长大、思想的逐渐成熟，孩子的选择和做事的方法，一定会越来越有章法。与此同时，德国人在孩子 6 岁以前，也尽可能培养他们聆听别人说话的能力，这也对孩子做出选择有一定的帮助。

你或许很难想象幼儿园时期的各种小细节、看起来可能是无关紧要的训练，经过时间长久的累积，会有这般正面效果吧？

所以小时候我常喜欢和小 K "抬杠"、闲聊、瞎扯，当他问我 "为什么" 时，我在给出答案之后，还会提出其他的问题，或者给两种答案让他选择，让他说出自己的想法。这样不仅有助于训练孩子的选择，训练他的思考，也培养他的表达能力与沟通能力。当小 K 年纪渐长，就可以越来越多地进行深入且角度不同的讨论，任何事都可以！这比起拼命给孩子灌输知识，培养各种才艺、语言技能，更有建设性作用！

所以让孩子有选择的能力，真的是太重要了。别以为孩子小就无法做选择，孩子需要我们从小事开始、从小时候开始，从旁帮助他们一点一滴去累积选择的能力，将来他们在人生的道路上，也才会随着年龄的增长，表现得越来越出色！

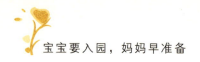
宝宝要入园，妈妈早准备

6. 幼儿园，玩才是重点

经常看见很多朋友的孩子，从幼儿园开始就有"作业"，从小要学英文、学打鼓、学钢琴……各式各样十八般武艺，多多少少都需要涉猎，从小每天都很忙碌，忙着培养各种多才多艺的"能力"。

还听过一个更夸张的：幼儿园大班就去上数学课！让我觉得十分不可思议。除了好奇他们这么小究竟可以吸收些什么之外，我还认为，许多华人父母，似乎都急着把自己的孩子当作天才来看待，从小无所不学。

反观小K在德国成长的那些年，人生无大事，因为他在幼儿园中最重要的一件事，就是好好地玩，从玩中学习生活规范，从玩中学习团队合作，从玩中发现创意，从玩中找到自己喜爱的事，从玩中培养运动精神和强健的体魄，也从每天的玩乐中练习与建立他的语言和沟通能力。所以小K在德国的日子和国内许多的孩子一样"忙"，只是他们所忙的"内容"不大相同罢了！

第二章 生活＆习惯 ——在幼儿园该学什么？

德国的幼儿教育，绝对是把孩子的身心健康摆在学习成绩之前，教学活动的比重，绝不会也不能超过孩子的自由玩乐时间，这是德国幼儿园老师最重要也最简单的目标与宗旨。因为他们认为孩子在每个阶段都有不同的心理需求和不同的学习需求，无论是知识生活经验的累积，还是生活习惯的养成，幼儿园都是奠定基础的时期，而在幼儿园时期的重点，就是让孩子尽情地玩！

首先，孩子必须专心玩。现在的孩子有许多患有多动症，即使不是多动，在幼儿园时期的孩子，也的确十分有必要培养专注力——专注力的奠定，自然有助于稳定孩子的心性，将来在学习上也是十分重要的一环。所以专心"玩"，成了老师培养孩子的重点项目之一。因此德国幼儿园中有很多属于孩子自己的时间，只要在老师规范的规则和时间内，孩子可以任意地、专心地去玩自己想玩的事。

而在这样玩耍的过程中，各式各样创意的玩法，例如随意堆积积木、让孩子画画、让孩子任意创作，不需要老师指导，孩子自己会不断地发挥出来，此时老师只需在一旁协助以及引导，并且观察孩子。老师也会教孩子剪贴，除了训练手眼协调之外，也教孩子正确使用剪刀与刀具的安全方式。德国孩子很小就开始使用"真的"工具——像是剪刀、美工刀、小锯子之类的工具，老师除了教孩子们如何安全使用外，还会在一旁监督，一直到他们可以自己使用为止，而不是让孩子什么都不准做、什么都不准动。因为所有的"禁止"，只会让孩子更为好奇，与其让他们自

宝宝要入园，妈妈早准备

己没有人指导地"尝试"危险动作，还不如老师教导正确的方式，既满足孩子的好奇心，也训练了孩子该有的生活基本技能。

此外有些德国幼儿园会教孩子做简单的小实验：例如蜡烛若是没有空气便不会再燃烧；不同的东西丢入水中，有些会浮起来，有些会沉下去；等等。老师也会让孩子自己动手做，借由这些小小的实验，帮助孩子建立对科学的兴趣。

德国幼儿园的校外教学，也在教学的重要规划当中。除了人文素质的培养——到剧场参观、看表演，参观各式的博物馆、天文台，等等；还有自然的体验——到农场体验农场生活，了解生活的不易（盘中餐粒粒皆辛苦），到森林里健行认识野生动植物。对孩子来说，这些活动都是在玩，但是也更多元地带给了孩子不同的学习生活经验。

而平日在校园中，幼儿园都会有占地不小的游乐场，有简单的攀爬设施、沙坑，除了雨天或冬天风雪过大的日子之外，每天孩子都会有很多次户外运动的时间。而幼儿园老师也不会禁止孩子爬树，反而认为学会安全地爬树是孩子的一项技能，重点也不在每个孩子是否爬得上去，而是让孩子对自己有信心。

这个年纪的孩子，必须有充分运动的时间。孩子通过运动消耗大量的体力，也有助于身体的健康与发展。

所以德国幼儿园中，老师不是立下一条条必须遵守的规矩，而是鼓励大家努力玩、认真玩，在玩中学习到这个年纪该具备的各种基本能力。在安全的前提之下，幼儿园老师非常鼓励孩子尝试各种活动挑战自己，也鼓励孩子提出问题，即使说错了，老师也会鼓励孩子寻找答案，而不是直接告诉孩子答案。所以学会探索，对于各种事物好奇，是幼儿园老师要积极达成的任务，让孩子在玩乐中建立起德智体方面的能力，奠定各种方面的训练基础，而并不急于将许多的"标准答案"正确无误地输入孩子脑海中，期盼孩子听话、"follow"。这就是在奠定孩子的学习态度，在孩子幼小的心灵中种下好奇的种子，这和我们从小复诵式、记忆式的学习方法，有极大的差别。

德国幼儿园老师将要教给孩子的知识、生活态度，从生活中、从孩子玩耍中，悄然地输入孩子脑海，这比起成日的耳提面命来得有用许多，也激发孩子从小凡事独立思考的能力，将来也不易人云亦云。幼儿园的老师除了有爱心和耐心之外，还需要接受专业的训练，通过认证之后才可以成为幼儿园的老师，绝对不是考个证照就可以轻易过关的。

由于幼儿园是孩子在家庭以外第一个学习的场所，对孩子的影响非常深远，因此德国政府对幼儿园老师的考核非常严格，这个部分非常值得学习。幼儿园老师必须了解孩子的行为，必须监督与观察孩子在园内的生活，并且给予其良好的教育与辅导。而这些老师专业的"任务"，就是让幼儿园的孩子可以在幼儿园中专心玩耍，在玩中建立起各项规范的基础，从玩中培养孩子的能力，发现孩子的专长与兴趣。这是不是比教孩子做算术有建设性得多了呢？

 宝宝要入园，妈妈早准备

7. 入园暖身期：建立孩子、家长和老师的互信

在德国，让孩子快乐是德国幼教老师被赋予的最重要的责任，孩子能以愉快的心情度过在幼儿园的每一天，享受不同学习所带来的乐趣，是幼教老师的第一使命。这和我们中国人似乎大不相同，德国人把孩子的快乐放在第一位，我们则是把孩子的学习放在第一位。

乍看乍听之下，似乎这两个目的大相径庭，理念大不同，但其实只是做法不同罢了。德国人的方式确实能有效地帮助孩子学习与成长。德国人希望孩子在幼儿园快乐，并不是一味地让孩子习惯玩乐，而是借由玩的方式、快乐的心情，让孩子的学习更有爆发力，能够学得更好。所以在接触了这样的观念之后，我非常认同这样的方式。

有时候学习是需要一些压力的，但是过多的压力并不会让学习成绩变好，不但不快乐，可能还有负面效果，尤其对幼年的孩子来说，首要的是生活习惯和品格养成，过多的压力并不会让孩子学得更好，反而可

能抑制孩子的想象力和创造力，限制了孩子无限可能的发展。

有一次幼儿园中有个孩子把头发画成了粉红色，老师便问这个小女生："为什么你把头发涂成这个颜色呢？"

小女孩毫不犹豫地回答："我觉得这个颜色好看！"

老师不置可否地称赞她画得不错。

同样的事情，华人父母便可能会说："哎呀！头发怎么会是这个颜色的呢？你要××颜色才对呀！"更夸张的，我还见过要孩子直接改过来的家长！

也许是出于习惯或成长过程中的经验，我们经常不知不觉会用负面的说法，或是所谓我们认为的"正确答案"的方式来教导孩子，在我们认为是"导正"的同时，其实可能正在一点一滴地抹去孩子自己的想法和想象能力。

那我们该怎么做呢？我发现德国老师非常善用引导的方式，先引导孩子说出自己的想法，再用讨论的方式，去"讨论"事件的真相或可能性，除非是涉及品格和行为，否则老师会大致尊重与鼓励孩子的想法。有个德国老师告诉我："孩子的想法有时候是我们想不到的，而她现在这样想，也许过一阵子就又有别的想法了！我们只要适时地引导，孩子就会慢慢地从中成长、建立自己的想法和自信心了。"这完全是从小养成的一种思维方式与习惯。

宝宝要入园，妈妈早准备

小K在德国幼儿园时，我每天接孩子的时候，通常都会和老师有闲聊的时间，除了自己想趁机练练德语之外，还可以和老师聊聊小K在幼儿园的情形，尤其当时小K刚入幼儿园，他的德语还不好，因此有很多需要适应的事，因此我便会借着与老师每天交谈的5~10分钟时间，了解小K在学校与同学相处和适应环境的情形。

每个幼儿园老师对孩子的观察都细致入微，无论衣食住行，都在幼儿园的日常中得到老师密切的观察与引导，因此每天与老师的交谈就成了很重要的一件事。

每天与老师沟通，除了可以实时清楚地了解孩子的状况，还可以掌握孩子每天的情绪。孩子的情绪处理与他的成长有最直接的关系，因此孩子每天在学校有什么开心的事，父母可以从老师这边来了解，回家之后再和孩子聊天，可以算是一种亲子间的分享。相反的，如果孩子遇到问题或是不开心的事，也可以借此了解，所以这样的时间是不能够忽略的。除此之外，老师的做法最直接影响到孩子的成长，因此可以和老师充分地沟通，也更可以多多了解孩子的问题和困难。

而在学校里，也是禁止体罚的。21世纪已经不再像我们小时候那个"棒棍下出好孩子"的年代，那时候父母亲带孩子到学校，当家长的会恭恭敬敬地跟老师说："不听话就揍，没关系！"早在20世纪70年代，德国学校中已禁止体罚，老师们早已不被赋予"打"孩子（体罚）的权力。2000年时更立法明文规定，不仅是老师，也禁止家长对孩子体罚。在德国对小孩使用暴力,已被视为一种犯罪行为,老师会被开除,家长会被迫与小孩隔离。因为后来的许多研究显示,打骂的教育方式,使孩子学到的是错误的情绪处理模式,年纪越小的时候发生,受到的影响也越大。

所以家长与老师沟通,是非常重要的一件事,即使无法每天与老师沟通,也要一周数天有与老师相互沟通的机会,尽可能不要匆匆忙忙接了孩子就走。唯有良好且密切的沟通,才能促进亲师之间的合作,这是许多家长容易忽略的一个重要环节。有了与老师之间的良好沟通渠道,亲师间也才更有共识,能给孩子一个良好的成长环境与氛围。

宝宝要入园，妈妈早准备

8. 餐桌上的礼仪

大家一定不缺乏这样的经历：餐厅里吵吵闹闹、孩子四处窜来跑去，甚至有时候还会差点儿撞上忙着送菜送汤的服务员，弄得险象环生，却听家长在解释着："孩子坐不住嘛！"

这样的情形在德国几乎不会发生，并不是德国人不带孩子外出吃饭，而是即使在外用餐，也会非常注意孩子在餐桌上的礼仪会不会影响到他人。

幼儿园时期，无论是在幼儿园还是在家中，必须奠定好这样的礼仪规范。通常我们会觉得麻烦，或者觉得：他只是个孩子，还小，这些没什么。但是就因为这样的小小环节和坚持，长久下来，对孩子就有很大的帮助。

我们初到德国的时候，小K在苏格兰的同学尼欧到德国来拜访我们。我和尼欧妈妈很开心地带着两个孩子到餐厅用餐，这两个许久没见面的小朋友在点完餐之后就把餐厅当游乐场玩乐起来，不知不觉，声音有点儿不受控制地在餐厅里蔓延开来。在我们制止了几次之后，看起来有点cool的老板娘终于出面了，意外的是，她不是对着我们两位妈妈，而是严肃地告诉两个才五岁的孩子："在餐厅里不可以太大声，会影响别人用餐；还有，在餐厅里跑来跑去是很危险的事情！"

随即，她请两位淘气得不得了的孩子坐下来，一人发了一张着色的图案和一盒彩色铅笔，让他们安静地坐下来画画候餐。两个孩子这才终于安分了下来。

我很佩服德国人对孩子的这种做法！用大人的方式，用孩子可以理解的语言，严肃地告诉孩子什么事可以做、什么事不能做，而且不管何时何地，都有这样"教育"孩子的责任。

在幼儿园年龄段的孩子，毕竟还是有许多时候缺乏自控力，因此要如何应付这种经常会上演的难题呢？如果孩子真的在餐厅里吵闹了该怎么办？通常最好的做法是将孩子带开，找寻孩子吵闹的主因是什么。解决了孩子的需求，孩子就自然不再吵闹了。而如果孩子需要自由跑跳的空间，担心孩子无法在用餐过程全程乖乖坐着，可以选有给孩子玩乐跑跳空间的餐厅，现在有许多亲子餐厅，既可一家人外出用餐，享受温馨的用餐时光，又不用担心孩子吵到其他用餐的人。

此外，也可以和孩子说话或是给他事做，让他转移注意力。

宝宝要入园，妈妈早准备

比如欧洲许多适合亲子用餐的餐厅，会给孩子备上画画或着色的材料，有些还有供孩子玩耍的角落，都是好的选择。而孩子一旦上桌，就必须遵循该有的礼仪，这和我们传统的中国餐桌礼仪异曲同工。

教养孩子不是给孩子重重的管制，而是帮助孩子累积成长必要的规范。这些规范不仅仅是口头告诫，还必须带着孩子身体力行。

有一次我们在德国巴伐利亚的一家餐厅里用餐，当时5岁多的小K可能因为想睡觉开始闹脾气、无理取闹，接着哇哇大哭起来，餐厅里许多人已经开始投以异样的目光，此时我把孩子带到餐厅外安抚，之后才再度进入餐厅。这是一种尊重其他用餐人的礼仪，当然在欧洲，孩子有时候的吵闹是被包容的，然而父母亲也必须教导规范孩子的用餐礼仪。

而在幼儿园里，一样有餐桌礼仪的训练。

每个孩子要自己拿着自己的餐具，坐在规定的位置上用餐，用餐完毕之后，简单地收拾自己的餐盘。在中国，可能会觉得：孩子还小，得追着喂饭，否则他不吃饭，长不高，养不胖，这怎么行呀！经常喂到幼儿园，都毕业了都还在喂孩子的不在少数，这样做牛做马地喂孩子，不但无法培养孩子正确的生活习惯和态度，孩子长大了也不见得对父母感激涕零。

同样的情景，在德国老师和家长眼中，则完全不同："他不吃就表示他不饿，收起来。当他饿了的时候，孩子自己就会吃了！"所以在德国没有亲子吃饭的冲突"戏码"上演，也没有追着孩子喂饭的情形发生，父母不累，孩子也学习了自己该学的礼仪与态度，这不是很好吗？

而家中也是训练孩子餐桌礼仪的好时机。

当小K还在幼儿园时，我们家就规定吃完饭必须自己收拾自己的饭碗，拿到水槽，如果要提前离开餐桌，而尚有他人在用餐，小K必须说："我吃饱了，可以先离开了吗？"

这是一种自然而然的餐桌用餐礼仪要求，没有东方与西方的分别，这是教孩子尊重他人的一种行为规范训练，这样的要求一开始对孩子来说不难，也看似没什么，但这对孩子的习惯养成是非常重要的小环节，而且得从小开始！

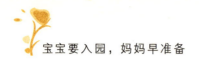

宝宝要入园，妈妈早准备

9. 用鼓励的方式让孩子学会生活自理

在许多年前，我曾经到小学帮忙代课一段时间，当时我代课的是小学二年级的班级，一大早有为数不少的家长带着孩子进到教室，叮咛许久才离开，甚至有的妈妈还把早餐摆好才"依依不舍"地离去。这些举动看起来都没有什么，但是细细想来，都上小学了还有很多事无法自理，究竟是孩子的问题还是父母的问题呢？

到了德国之后，很多事让我渐渐对以前在台湾看到的那些习以为常，觉得有些不妥，而实际又说不上来有哪些不妥的许多现象，开始有了不同的体会。

德国教育，是以孩子为主体的教育，而不是一味要孩子服从，或者为孩子做尽一切，让孩子失去自理生活的能力。这样的做法深深落实在德国的幼儿教育中。我们常会以孩子小为理由，代劳了过多的事，其实只要在孩子可以承受的范围之内，让孩子自理，孩子在成长过程中会受

第二章 生活＆习惯 ——在幼儿园该学什么？

益无穷。在德国的幼儿园内，就是这样的。

例如：穿衣穿鞋是自己必须完成的事，老师和家长只是在旁边帮助。由于温带国家的温差很大，除了夏天很炎热的天气，通常孩子上学时都会穿着外套，因此进到幼儿园的第一件事就是脱衣摘帽。这些都是孩子自己独立完成，当然比较年幼的孩子，必须靠老师协助，直到孩子可以独立完成这些基本事项之后，老师就只剩下口令，告诉孩子哪儿没做好，让孩子再做一次，不再假手于老师或家长。

一开始的时候，这些动作对孩子来说是比较困难的，比如说很多孩子会将扣子扣得歪歪斜斜，有些孩子还会把外套穿反。但老师和家长只是纠正孩子，并将正确方法示范一次就可以，而不是嫌孩子动作太慢，大力催促或是代劳。

当然，每个孩子可以上手的时间不同，因此幼儿园老师必须得有很大的耐心，依照每个孩子的成长进度来给予帮助和指导。

别看这是一件小事，但对孩子来说，这就是一种习惯的培养，也因为有老师的鼓励，孩子具备了这些基本的能力与习惯，对自己也会有很大的信心。因此德国幼儿园老师会告诉父母：给孩子穿衣，必须是孩子自己容易穿脱的服装，这样也会让孩子不至于花太长的时间穿衣，并减少挫折感。条件允许的情况下，让孩子决定穿哪件衣服，这对孩子来说，更树立了自己可以独立的信心。

宝宝要入园，妈妈早准备

而最重要的是，这些练习需要给孩子时间，需要把练习的时间拉长，这往往是我们最难做到的一点。尤其如果早上赶着出门上班，急急忙忙，就不可能给孩子过多时间来慢慢穿衣。因此选衣服可以前一天做好准备，早上早一点起床，给孩子预留一些时间，把一切准备好再出门。

这些鼓励和做法，最重要的一点是慢慢来。最好的方法，是多用正面指示，取代凡事禁止，会收到事半功倍的效果。小K小时候在幼儿园中常常被老师纠正"帽子戴反了"，有一次我去接小K放学，老师对小K说："Kevin，妈妈来接你，该回家了。"

正当小K迅速跟老师说"再见"要跟我回家时，老师叫住了他，并且把小K拉过去，脱下他的毛帽，告诉小K："你帽子戴反了。"并继续指导："这条线你看到了吗？应该是在后面的，记住下次不要戴错了！"然后一边把帽子转过来帮小K戴上。

"OK, Frau Wagener, Bis Morgen!(华格纳太太，明天见！)"小K回答，然后跟着我回家。

幼儿园老师就是这样看到就说，不厌其烦，也不责备，用行动和简洁的语言，帮助孩子打理自身的事务，久而久之，孩子就学会了。

另外，幼儿园老师在个别叮咛孩子的时候，会弯腰或蹲下来，站在与孩子一样的高度说话，这也是让孩子感到舒服与尊重的方式，孩子的各种习惯也更容易被纠正与养成。有些孩子发展较慢，难免有时候会笨

第二章 生活＆习惯 ——在幼儿园该学什么？

手笨脚，老师会在一旁鼓励孩子再试一次，用鼓励代替严厉的纠正，虽然不是立竿见影，但却是非常有效的方式。

孩子学会生活自理，无法在一朝一夕达成，必须从生活的每个小细节做起。日复一日的练习，才是让孩子学会生活自理的最佳方式。

近日我听到了一件在我眼中认为相当"离奇"的事。

一个孩子都已经上大学了，吃饭时他妈妈还为孩子挑掉鸡腿、排骨肉上的骨头，真的很不可思议！现在的父母亲，反过来对孩子"二十四孝"了，还自己沾沾自喜，觉得对孩子真是无私地付出。听到这个"事件"的当下，我忍不住好奇地询问在一旁的台湾清华大学的实习生："如果你的母亲这样做，你会感到感激或开心吗？"

她马上回答："不会，根本没必要，这样会显得我很无能，根本是没长大的孩子。我也不会因为这样而觉得更应该孝顺她，因为这是她自己想做的……"

听听看，这就是孩子真实想说的，这种幼儿园就该学会的技能，为什么到了大学还是由母亲在代劳？将来如果孩子做不到这样回馈，就被冠上"不孝"的罪名，而这些，是父母加在孩子身上的，孩子却要承担父母不当做法之后而产生的罪名，其实是很无辜的。

要孩子能够理解父母的苦心，就该让孩子从小体会到父母的用心，而不是代劳。在德国这一点幼儿园就开始做了，最重要的是训练孩子的

宝宝要入园，妈妈早准备

生活能力、自理能力，让孩子不论到了哪儿都可以维持自己的基本生活。其实这些技能若不是从小培养，到了长大再来学习，其实更为辛苦，也是更加难以改变的。

越简单的道理在生活中越难以落实，父母亲和幼儿园老师要学会忍住自己想帮忙的愿望，以孩子为主体，让孩子去学习和体验。

第二章 生活&习惯 ——在幼儿园该学什么？

10. 幼儿时期是培养责任感的最佳时机

在成长的过程中，培养孩子的责任心是一件重要的事，而要培养孩子的责任心，最重要的是不要帮孩子把凡事都做好，而是在每个不同的年龄段，放手让孩子去体认自己需要负责的事。

所以从幼儿园开始练习，是很好的时机。

现在孩子生得少，因此父母亲都把孩子捧在手心，生怕孩子受苦，但是常常因为父母做得太多，而让孩子缺乏对自己负责的态度和对人、事、物的责任心。因此在孩子愿意帮忙的时候，我们更应该适度开始放手让孩子自己学会做一些事。从婴幼儿时期就要开始着手，比如说，孩子要想自己吃饭，许多妈妈的第一个反应是担心孩子吃得到处都是，为了避免等会儿还要收拾，就由自己来喂孩子，有些孩子在母亲喂食的时候，还喜欢到处跑，就形成了"妈妈追着孩子喂饭"的画面——我相信这些情况在国内大家都不陌生。

宝宝要入园,妈妈早准备

我在欧洲看过母亲喂孩子,但却从未看过母亲"追着"孩子喂食。多半的状况是孩子坐在自己的位子上,由大人喂食,而只要孩子有意愿,通常德国(欧洲)的父母亲会很乐意让孩子试试看,即使孩子吃得满脸、满身,到处都是食物,他们也都很开心地鼓励孩子自己吃饭,帮助孩子知道享用食物的乐趣,而不是把食物塞进肚子里,仿佛只为了长得好。

这样一件小小的事,就足以培养孩子的责任感了!让孩子学习把自己分内的事做好——从小认识到哪些是自己"分内的事"。而在幼儿时期,吃好、睡好、努力长大就是孩子"分内的事"。

比如许多父母都知道要让孩子从小帮忙做家务,但是从多大开始?当然,孩子帮倒忙的时候,可能把弄得一团糟,这个时候,父母能不能忍受孩子在学习把事做好的过程中所制造出来的麻烦,耐心地给予正面鼓励?这便是孩子能不能经由教导而培养出责任感的重点了。

小K五六岁的时候,看到我们打扫,兴致勃勃想要加入,于是为了不扫他的兴致以及不影响他"努力帮忙做家务"的心态,虽然知道他还小,可能没办法把地擦干净,我还是给他分配了一份清洁工作——擦楼梯。因为对于孩子来说,楼梯的面积小,也不会因为他擦楼梯影响到我的打扫工作,并且他还可以帮忙,因此小K非常高兴,很认真地加入我们打扫的工作行列。从此之后,楼梯的清洁,就成为小K的分内之事了,他做得非常认真,也能够越做越好,更可贵的是他每次都可以认真负责地做完这件事。

第二章 生活＆习惯 ——在幼儿园该学什么？

以此类推，后来上小学之后的功课也是，我们都努力鼓励他尽可能自己完成，遇到不会的问题先自己想办法解决，如果自己真的无法处理了，再来找寻父母或老师帮助。从小这样一点一滴地积累，养成先尝试自己解决的习惯，对孩子自我责任心的形成都是无形的帮助。

一直到现在小K高三了，基本上学业、学校的事，他都可以自己处理，真正需要帮助的时候，才需要我们出面。相比之下，很多台湾孩子到了大学竟然还需要父母帮忙询问选课的事，这让我觉得不可思议。父母亲在孩子小的时候若是过于忽略与纵容责任心的培养这件事，不仅会耽误孩子，也很可能把自己弄得心力交瘁。而这些不是孩子大了就一夕可成，而是需要很长的时间来培养。

在德国的幼儿教育中，不光是父母，学校的老师也把这件事看得非常重要。因此在德国时，在中学之前(10岁左右。德国的学制是6岁念小学，在五年级之后开始就是中学的教育了)，家长与老师都非常重视培养孩子对于自己的责任心。

再者，在孩子的责任教育上，让孩子承担错误行为的后果，也是非常重要的一环：犯错与认错——孩子体验到犯错后所带来的后果，才能借此导正行为。这样不仅可以促使孩子改正行为，更可以建立孩子为自己负责的态度。

宝宝要入园，妈妈早准备

11. 让孩子从小事开始练习做决定

常常有读者或朋友问我：你儿子很有主见，什么事都自己决定，你是怎么训练出来的？还是他原本就如此？

其实应该说，小K本来就是一个很有主见的孩子，再加上我刻意让他有些自主决定的机会，因此随着长大，他就开始有许多的看法和想法。

放手一直都是父母很难的课题。什么时候开始放手？如何放手？都是父母挣扎的苦恼。

德国人教育孩子最大的一个方向，就是在孩子每一个阶段中，慢慢地、不断地在放手，最终将孩子教育成一个可以独当一面的人。这个过程十分漫长，也会在过程中遇到很多心理上的挣扎，但如果可以持续地做到，便可以看到孩子在不断地成长。

在德国幼儿园中，虽然是以孩子为主体，但并不是孩子可以为所欲为，而是在有法度的要求之下，让孩子有选择的权利。比如大家要到公

第二章 生活&习惯 ——在幼儿园该学什么？

园去玩，如果有孩子不配合或是闹情绪，老师会告知孩子：如果真的不愿意，可以留在教室（当然学校里会有留守看顾的老师），但之后可别后悔，后悔了也必须自行负责。

多年前看到有篇文章叙述德国幼儿园的"残酷教育"，内容大约是说不给孩子穿太多的衣服，任其在室外游玩，借此训练孩子抗寒的能力以及坚毅的品质。而我在德国时所看到的状况并非如此。幼儿园的孩子在冬天里要到户外玩耍时，老师会先要求孩子们穿上外套——不会要求孩子穿几件衣服，而是可以决定自己里头穿几件衣服，主要是不要影响到户外的活动，又不感到冷即可。我们都知道"有一种冷是妈妈觉得冷"，因此我们要让孩子自己来练习判断"知冷知热"，通常在状况允许之下，应该让孩子决定自己要穿的衣物。

就拿我们瑞士的一位律师好友为例来说吧：

他经常告诉我们，他的父母从小就让他们有选择，因此选择当律师是他自己的决定。

认识他的父母之后，我发现，当律师的确是他自己的选择，但是他的"选择"，其实并没有与他父母亲的期望相差太远。为什么呢？我们常直接地告诉孩子该怎么选择，却没有让孩子自己觉得自己有选择权利，因此很容易让孩子放弃自己的决定，或是与父母老师直接对抗，最后却做了可能不好的决定。

宝宝要入园，妈妈早准备

但这位朋友的父母用了很聪明的方法。他的父母从小让他自己选择许多事，却在无形中引导他，让他往父母希望的方向发展。当然，举这位朋友的例子，首先父母得知道他是否有能力当一名律师，对当律师是否有兴趣，然后影响孩子于无形。在孩子的感受来说，这是他的选择，他的父母从未干预，而一旦选择他就必须对自己负责。

而父母的角色，就是在一旁导正孩子，然后不断放手，让孩子向着自己前面的人生道路前进，而不是挡在孩子前方，为他导航——这样孩子是永远长不大的！这就是为什么现在仍然有许多的父母，孩子都念大学了，入学时还得帮孩子打点一切，不能放手、不敢放手。

除了让孩子自己可以从小开始练习决定一些自己的事之外，父母和老师也必须给孩子这样的机会，协助和引导孩子缩小选择范围，而不是毫无方向与原则地让孩子自由选择，衣食住行方面都是如此。

我们都希望孩子乖乖听话，所以经常剥夺了孩子自主能力培养的机会。

在德国幼儿园中，孩子肚子不饿的时候可以选择饭吃得少一些，因为偶尔饿一顿不会死，但是孩子却可以体会什么是"肚子饿"；在园内进行户外活动时，有些时候是可以让孩子选择他是想要在室内或是室外玩耍；中午睡不着的孩子也可以选择不睡觉，但仍然必须躺在自己的床垫位子上，不能影响他人……

第二章 生活＆习惯 ——在幼儿园该学什么？

在允许的情况下让孩子有选择权，孩子就会渐渐学会思考和选择，这对往后他独立自主的能力是非常好的一个基础培养。

而父母亲可以从小让孩子在自己的规范范围之内"有所选择"。接着，慢慢与孩子沟通他的选择是否得当。放手是循序渐进的，孩子的独立自主也是循序渐进的。我们常会忽略了孩子幼儿时期这样的训练，总以为孩子小、不懂，但往往在转眼间，孩子大了，很多习惯也已经成形，改变就会更加困难了。所以"放手"是个很大的学问和心理挑战，从小就得开始做，不是到了不得不放手的时候再只好由他去，如此孩子会像断了线的风筝，想飞，却断了线，在无边无际的天空里，自己也找不到方向。从小德国孩子念什么科系、交什么朋友、选择什么食物、选择学习什么乐器、玩什么运动，父母和老师都会引导孩子做选择，给孩子建议，虽不是全部，但有一些选择权是在孩子手中的，而选择之后，父母和老师也会让孩子知道：要学习为自己的选择负责。

黎巴嫩诗人纪伯伦(Khail Gibran，1883—1931)[①]的《孩子》这首诗，更道出了父母给予孩子选择空间的奥义：

你的孩子不是你的，
他们是"生命"的子女，是生命自身的渴望。
他们经你而生，但非出自你，
他们虽然和你在一起，却不属于你。
你可以给他们爱，但别把你的思想也给他们，

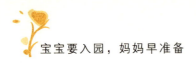
宝宝要入园，妈妈早准备

因为他们有自己的思想。

你的房子可以供他们安身，但无法让他们的灵魂安住，

因为他们的灵魂住在明日之屋，

那里你去不了，哪怕是在梦中。

你可以勉强自己变得像他们，但不要想让他们变得像你。

因为生命不会倒退，也不会驻足于昨日。

你好比一把弓，

孩子是从你身上射出的生命之箭。

注释：

①哈里利·纪伯伦，代表作有《泪与笑》《沙与沫》《先知》。

纪伯伦出生于黎巴嫩（当时属奥斯曼帝国统治）一个马龙派天主教家庭，幼年未受正规学校教育，后随家庭移居美国。在美国上学时显露出艺术天赋。1908年赴巴黎师从罗丹学习艺术。后兴趣转向文学，初期用阿拉伯语，后用英语进行写作。1931年逝世于美国纽约，遗体葬于黎巴嫩。

第三章

阅读培养
——一个好幼儿园的标配

第三章 阅读培养——一个好幼儿园的标配

1. 如何培养幼儿的阅读能力

近年来,孩子的阅读能力培养不断被提倡和强调,更有许多国外的报告指出,阅读能力是将来竞争力重要的一环。这让国内很多家长不由得紧张起来,也因此有越来越多的父母积极培养孩子的阅读兴趣。

语文能力,可以说是孩子一切知识来源以及理解能力的基础,因此从幼儿时期开始培养,是非常重要的一件事。

以德国来说,根据Statista[①]针对14岁及以上的德语人口(大约925万人)所做的问卷调查,2013年至2017年平均每人每天会读一本书,这种良好的习惯是从小开始培养的,而且一直持续到成年。

除此之外,Scholastic出版社为了了解各国对儿童阅读的推广情况,针对6~17岁的孩子与他们的家长,调查了美国、英国、加拿大、澳洲、印度等五个国家,结果显示,欧美小孩平均一年读23本书,在美国与澳洲,6~17岁爱读书的孩子一年的阅读量(美42.4本、澳43本),都

宝宝要入园，妈妈早准备

是不爱阅读的孩子的6倍（美7.4本、澳7本）。

所以从这些调查数据中可以了解到，阅读在许多国家都是备受重视的一环，尤其近年也有研究报告指出，有良好的阅读量和习惯的孩子，未来在学习上也会有优势的。因此，阅读能力的培养也成为越来越多中国家长在对孩子的教养十分重视的一项。

我曾经遇到几位家长朋友，老是跟我抱怨他们孩子的数学不好，但是观察之后发现，这些孩子其实不见得真的是数学不好，而是在做数学应用题时，无法充分了解题目的含义，严格来说，极可能是语言理解能力不够好，导致无法完成题目要求的答案，并不是数学不好。

所以说阅读能力是有可能影响到数学能力的。

而如何从小培养孩子的阅读能力，家长非常关心。

阅读能力的确从很小就可以开始培养，不见得马上让孩子识字，最重要的是要先让孩子对书本、对阅读产生兴趣，这样对往后阅读能力的培养，会有一定正向的帮助。那么怎样培养孩子的阅读呢？尤其在幼儿园时期，又说不需要让孩子提早学习认字，又想培养孩子阅读，那该怎么做呢？

其实培养孩子阅读的最佳方式，首先就是家长自己也喜欢阅读。

如果家长自己并不喜欢阅读，却成天希望孩子喜欢阅读，这几乎是一件不可能的任务。

第三章 阅读培养——一个好幼儿园的标配

我们家小 K 喜欢阅读，而且我从很小的时候就开始带着他看书，即使没有陪着他看，我自己也喜欢在闲暇的时候阅读各种自己感兴趣的书，所以说阅读最初就是一种耳濡目染，从让孩子接受"阅读是生活的一部分"开始，未来的培养也就容易了。

阅读是一点一点的累积，如聚沙成塔般点点滴滴，是用时间累积出来的，可以说没有任何快捷方式，因此最初奠定的基础非常关键。

一两岁开始小 K 就会拿起自己的书，学着我的方式，任意翻阅，即使他看的只是图片，也会对书本内容感到好奇，于是便会跑过来问我："妈妈，这上面说什么你可以告诉我吗？"

这个时候已经成功引起了他对书本的好奇与兴趣，此时再给他讲些生动的内容，非常容易产生吸引力。有了好奇和兴趣作为开始，可以说是就完成了对于幼儿阅读引导的第一步！让孩子喜欢书，开始对书产生兴趣，是引导孩子阅读非常关键的第一重点。别小看这个不起眼的方式，这绝对是很关键的。

除此之外，也可以从说故事开始着手。

每一个孩子对听故事都有非常浓的兴趣，只要有故事可以听，一定会对内容产生兴趣，除此之外，于听故事的同时，也在对孩子做一个价值观的输入，让孩子从故事中学习不同的价值观与生活态度。这绝对是阅读培养之外的另一收获！

宝宝要入园，妈妈早准备

小K在德国以及苏格兰念幼儿园的时候，我发现老师每天都会为孩子们讲故事，也唯有在讲故事的时候，原本闹哄哄的教室顿时就会变得安静，每个孩子竖起耳朵聆听老师说的故事。当然在家的时候，讲故事就由家长来做。在德国家庭中，我也看到为数不少的爷爷奶奶，戴着老花眼镜，拿着童话故事书，为孩子讲故事或朗读故事。

有些家长会抱怨自己没有讲故事的天分，担心无法吸引孩子的注意力，其实我建议拿一本书来朗读也是可以的，朗读比起播放CD故事生动许多，也会让孩子愿意聆听，而不至于像是在与机器打交道，很快会失去兴趣。

除此之外，和孩子讨论书中的故事，也是另一个很好的培养阅读的方式。小K小的时候，在听完故事之后非常喜欢发问，问题奇奇怪怪，无所不有。而且在不同的年龄段，问题的深度也不同。

比如，他在听了幼儿园老师讲的名著《海蒂》[②]的故事之后，就开始问了一连串的问题：

"海蒂爷爷的山上小屋在哪里？"

"他们养了几只羊？"

"住在那么高的山上，有东西吃吗？"这应该是"吃货"小K最感兴趣的问题了吧。

"自己制作奶酪也是蛮有趣的！"

第三章 阅读培养——一个好幼儿园的标配

诸如此类的小问题，在与孩子对话的过程中，我们可以结合自己的看法告诉孩子，也可以借由故事的内容，让孩子了解一些故事人物的背景状况。而当自己也答不出来的时候，可以带着孩子一起去找答案。

这样的互动与阅读累积自然而然地为孩子打下阅读的基础，埋下好奇的阅读力种子。孩子年纪渐长之后，便可以用这样的模式，通过阅读，非常容易地吸收各种知识；而且，经过长时间的累积，不仅阅读习惯可以在不知不觉中养成，知识累积以及理解能力、文字语言的组织能力，也会随岁月无形地增加。

因此幼儿时期，开始初步的阅读能力培养，是一个没有太大压力的早教方式。

最后还有一点值得注意，虽然现在电子书携带方便，电子书的种类也越来越多，但是最初为孩子培养阅读习惯的时候，最好不要使用电子书。并不是说电子书不好，电子书是新时代网络世界下的新产物，但是对小孩子的视力并不好，使用纸本书会是比较好的选择。

在书的形式上，许多孩子对电子书并不陌生。根据 Scholastic 出版社的调查，在澳洲、英国和加拿大，6~17 岁孩子，有三到四成，曾阅读电子书。在印度，这个比率更高达 6 成！可即使如此，根据调查，在美国有 65% 的孩子表示，即便有电子版，他们也宁可阅读纸本书；在英国则有 68% 的孩子喜爱阅读纸本书籍。所以说，即便电子书风行不已，可是大多数孩子还是偏好纸本书。在加拿大、澳洲与印度，更有高达八成

宝宝要入园，妈妈早准备

孩子，忠实支持纸本书。

想做才会带来热情，引领我们继续前进，孩子亦如是。一般来说，只有孩子想做的事他才会做得好，也才能对自己负责。就阅读而言，亦是如此。孩子愿意接触书籍，才会培养出良好的阅读习惯。

所以在想要孩子闭嘴安静时，与其丢给他一个电子产品，还不如给他一本书。所谓开卷有益，大致也是如此吧。我们在苏格兰时，等待发车的公交车司机、等待客人的出租车司机通常不是在读报就是在阅读一本书。阅读是一种风气，家长与老师可以在家中和学校营造阅读的氛围，这对年幼的孩子在阅读习惯的培养上亦不失为一个好方式！

所以，引起孩子对阅读的喜爱和热情，绝对是培养孩子阅读能力的第一步。

注释：

① Statista 是一个在线的统计数据门户。它提供了来自各主要市场、国家和民意调查的数据，其数据主要来自商业组织和政府机构。它的主要使用语言为英文，也有德语、西班牙语和法语版本。

②《海蒂》（德语：Heidi）是瑞士作家约翰娜·施皮里（Johanna Spyri）写的两部儿童文学的总称。

约翰娜·施皮里于1880年发表了《海蒂的学徒和旅行年代》，于1881年发表了《海蒂应用她学到的东西》两部书。这两部书都是世界上最著名的儿童文学作品之一。直到今天，人们在提到瑞士时，还会联想到施皮里笔下浪漫、理想的国度。但书中同样没有忘记描写19世纪下层社会的苦难：海蒂本身是孤儿，她的婶婶为别人做用人。

《海蒂》出版后，仅数年就享誉全球。至今翻译成50多种语言，多次被翻拍成电影和电视卡通片。

宝宝要入园，妈妈早准备

2. 如何为孩子选故事书？

既然幼儿阅读的培养渐渐受重视，那么如何为孩子选书似乎也成为家长的重要课题了。在演讲时或是网络上，经常有读者或家长朋友询问：有没有一个为孩子打造的完美书单？可不可以为孩子选书提供一个正确的方向？

面对这许许多多焦虑的父母，有时候我也忍不住快要跟着焦虑起来了！

我喜欢让大家反思：阅读最初的目的究竟是什么？就像许多人问我：为什么不去教作文？（在台湾现在坊间有许多作文班，因为考试考作文，所以就有了提高作文能力的补习班，我想这大约是中国人的习惯吧——有补有安心，与吃药"有病治病，无病强身"有异曲同工之妙。）作文和阅读一样，一开始都是为了愉快以及抒发自我，后来却变成了一种必需的能力，为了有这种能力或者提升这种能力，我们忘却了他们最初的

第三章 阅读培养——一个好幼儿园的标配

功用。

所以我的答案常常会令所有的家长失望，因为我的书单就是没有书单，孩子喜欢看什么就看什么（当然必须为他们过滤，不能是儿童不宜的书籍）。而我自己喜欢看什么，觉得有趣，是可以推荐给孩子的，我就推荐。当然我也很乐意提供小K的书单给大家参考，只是让小K有兴趣的书籍，其他孩子就不一定有兴趣了。

尤其是幼儿园的阅读培养时期，并没有太强的目的性与迫切性，我建议应让孩子先体会阅读的乐趣，为最重要的宗旨。

当孩子看一本书可以看到欲罢不能，或是每天都想看看书时，阅读的培养就成功一大半了！

国外曾有研究：究竟哪一种书最受孩子青睐？结果显示："能让孩子开怀大笑"的书籍，稳居各国调查的冠军宝座！在英国、澳洲与印度，这个比例更是超过六成，美国则是四成。因此在培养孩子阅读初期，"有趣"是吸引孩子亲近书籍最好的方式。

在"孩子最爱不释手"的书方面，《哈利·波特》（Harry Potter）、《小屁孩日记》（Diary of a Wimpy Kid）获得美、英、加等国孩子的一致欢迎。

美国孩子还喜欢《苏斯博士经典绘本》（Dr. Seuss）、《神奇树屋》（Magic Tree House）与《纳尼亚传奇》（the Chronicles of Narnia），英国孩子偏爱本国作家罗德·达尔（Roald Dahl）与戴维·威廉姆斯（David

宝宝要入园，妈妈早准备

Walliams）创作的畅销童书，加拿大与印度孩子都爱读妙趣横生的《老鼠记者》（*Geronimo Stilton*）。

这些数据都在证明：儿童阅读是为了从中得到欢笑，势必要从有趣开始。因此，幼儿园时期培养孩子阅读，最好是可以找寻有趣且可以吸引孩子的题材和书籍。

当然，年纪不同的孩子，随着年纪的增长，对阅读的需求也会有所差异。当然这是因为孩子的思想渐渐成熟，也因为环境的转变、经历事物的累积等，让孩子转变了阅读的口味。一般来说，幼龄的儿童，通常可以多给予发挥想象力、教导他们学习新事物以及找到学习榜样的书籍。

而根据 Scholastic 调查，不论是在美国、英国、加拿大、印度还是在澳洲，接受这份问卷调查的孩子都压倒性地表示"最爱的书是自己亲手挑选的"，认同比例超过了八成！绝大部分的孩子也都同意"自己选的书比较会全书读完"，比例近九成。

所谓的好书，除了家长老师认为是经典之外，也必须符合孩子的兴趣，至少是一开始应选择孩子感兴趣的书、故事，才容易养成孩子看书的习惯。

为孩子选择故事书，没有既定的模式，主要是看孩子的喜好，然后在选择的过程中去调整。小 K 在很小的时候，喜欢看一套英国的故事书，

第三章 阅读培养——一个好幼儿园的标配

这套书内容很简单，比如说其中有一本叫《八卦先生》（*Mr. Nosey*），用拟人化的方式，叙述这位爱四处打探人家隐私的先生的各种行为，以及后来身边的朋友、邻居如何帮助他改掉这个多管闲事、四处八卦的坏习惯。像这样有趣又简单的书，成功引起了孩子的阅读兴趣，生动勾绘了身边这类人的形象，也让孩子学习到了好的价值观。这样的书不厚，每天只需要花 10~15 分钟就可以让孩子看完一本书。像是这样的书籍，会对幼儿园的孩子有较大的吸引力。

很多父母喜欢给孩子准备传记类的故事书，当然这是很好的，但是一般要到小学以后，孩子才会对传记类的书籍产生兴趣。

因此在幼儿园以下的年龄段，绘本会是一个很不错的选择。在幼儿时期以绘本为主，讲简单吸引人的故事！像是有一本闻名世界的绘本《饥饿的毛毛虫》（*The Very Hungery Caterpillar*），叙述一条毛毛虫的成长过程，绘本有着鲜明的颜色和图案，对孩子的启蒙阅读是非常好的。

孩子们喜欢重复看同样的故事，家长常常会觉得有点烦，但是大多数孩子喜欢重复看相同的故事情节，一直到他们愿意去换个故事为止。其实孩子们从中能获得许多不同的信息、不同的思考，父母所需要做的，就是在一旁陪伴。

而漫画书在近几十年来，已经从纸本形式，跃然成为动态版的动画，成为独树一帜且占有一席之地的专门领域，但是在培养孩子阅读之初，漫画书是最好不要接触的。培养孩子阅读所要做的，是让孩子发挥想象

力，同样一本书，在每个孩子的脑海中是全然不同的，而这些可以无限爆发的想象力，随着成长与社会化会慢慢消减，因此在幼儿时期保有孩子的想象力，除了是在培养孩子的阅读力与想象力，实则也是在累积孩子的创作能力，而图像会大大限制孩子的这些能力。所以说漫画书并非不好，而应在孩子阅读习惯养成之后再看，好的漫画书依然是可以成为孩子阅读的一部分的。

也许大家不觉得这一点与阅读培养有什么太大的影响，但我确实在小K小学大约四年级的时候发现了这点不同。

小K在十岁之前不看漫画，后来他看了许多书的漫画版、电影版、动画版，最后一副"有感而发"的模样跑来告诉我："妈妈，我还是觉得书最好看，感觉很多东西做出来或拍出来，不是原本作者想表达的那样……"

无论作者的原意如何，作为读者，小K做出了判断与结论。所以说，阅读之初，过多的影像限制是不好的。

幼儿园时期若可以奠定孩子阅读的基础，小学时期就应该多看课外书，累积字汇、词语量，作为上中学之后的扎实基础。这个时期的孩子学习与阅读就像一块海绵，可以让他尽情地吸收。中学之后，没有太多时间阅读课外书，但仍要尽可能保持阅读教科书之外的课外书籍的习惯，这对将来的学习而言也是重要基石。

所以说幼儿园时期的所有培养，皆是为将来做准备，不可忽略，也许这时期的功效不如你的预期，但随着孩子的长大，你会慢慢看见自己意想不到的效果！

宝宝要入园，妈妈早准备

3. 属于孩子的讲故事时间

从前的父母为了生活而奔波，忙忙碌碌，把孩子喂饱、养大了才是正事，哪有时间照顾到孩子心灵的发展和成长？20世纪的父母，受到西方的影响，"启动"了为孩子讲故事、丰富孩子的心灵世界，并且陪伴孩子的时间。

你一定觉得：讲故事时间就是陪孩子入睡，同时也是每日的亲子相处时间，对阅读会有什么帮助呢？事实上，在还没识字之前，"听故事"是一个激发孩子好奇心以及训练孩子专注力的重要方式。每个孩子，甚至可以说每个人，都喜欢听故事，每当听故事的时候，人都会全神贯注，跟着讲故事的人一起进入故事的世界。

我记得读小学时，有一位体育老师，每当遇到下雨天，无法在户外上体育课的时候，他就会在教室内为我们讲故事。我记得那时体育老师讲的是希腊时代"特洛伊城"的故事、木马屠城记的故事……在那个对我们来说太遥远的国度，发生着陌生却精彩的故事，让我们听得津津有味。以至于后来我们都非常期待下雨天，因为可以在教室里听故事，大家都想在教室里听老师讲故事。长大一些后，我特别去找了有关木马屠城记、特洛伊城的故事书，仔仔细细地阅读了一番，这也是我对欧洲产生好奇以及对欧洲历史了解的开始。

所以说，听故事对孩子的影响，几乎可说是超乎我们想象的重要，尤其对年幼时期需要启蒙的孩子而言，更是如此。最初以为，为孩子读睡前故事已经是对孩子很好的启发和相处时间了，但我在德国生活期间看到的状况却不止如此。父母亲不只是为孩子读睡前故事书，他们简直可以说是随时随地、一有时间就为孩子读故事书，甚至老师也是如此。

我最常分享的，是一位老奶奶在电车上为孙子读故事书的事。

那是个天气不错的日子，阳光灿烂，在德国的一辆电车上，有一对祖孙不知要去哪儿。搭电车对孩子而言是有些漫长枯燥的旅程，因此孩子便不安分起来。这时候老奶奶从她的包包里拿出了一本书，对孩子说："坐下来，奶奶读故事给你听。"

孩子果然安静下来了，老奶奶戴着老花镜，低声地为孩子读起故事，这时候孩子也安静下来了，听着奶奶读故事，搭配着电车的晃动声，形成一种极为和谐的节奏。孩子还会时不时问奶奶几个问题。这种做法解决了孩子在乘车过程中不安分的问题，也给孩子创造了一个培养阅读的前奏——听故事。

宝宝要入园，妈妈早准备

所以说阅读的"初级版"，便是从这样一点一滴的听故事时间，慢慢累积出来的。

听故事不仅有助于启蒙阅读，同时也能提供给孩子一些知识、启发孩子的想象力，培养孩子的专注力，帮助孩子树立良好价值观，还可以让孩子有思考练习的空间。当我们觉得带孩子烦，或觉得无聊，不知该做些什么打发时间时，不妨读故事给孩子听，时间会飞快地流逝，亲子还从中获得了这么许许多多的益处呢！

小K在阅读启蒙训练时期，有时候无聊了，也会自己拎着选好的书，来请大人为他读一本。有时候在旅行的乘车时间里，我会给小K讲故事或读故事书，从大约两岁开始，一直到小学。甚至有时候，我会请小K念一段故事给我听，这都是很好的阅读培训方法。随着年纪越来越大，小K会去找自己有兴趣的书籍来阅读，而且每一种语言都是如此，这在无形之中造就了他的语言运用能力，帮助他累积了知识，与此同时，也促使他建立起良好的阅读基础与习惯。

除此之外，许多欧美的老师也会为孩子读故事。在德国幼儿园里，老师会有固定的时间给孩子讲故事；到了小学一年级，中午有不午睡的小朋友，老师就为这些孩子读《格林童话》，30~60分钟，随兴随意，却有一种莫名的坚持。

所以小K的阅读能力，可以说是从"喂故事"开始奠定基础的。回到台湾之后，五年级时小K有一位美籍华裔的老师，即使此时的孩子已经识字、可以自己阅读了，她依旧在每天的午休时间为班上的孩子读故事，让孩子们从生活中去养成与建立阅读的习惯。

所以说，为孩子讲故事，让孩子静下心来听故事，是一种从幼儿时期开始的、很好的专注度和阅读习惯培养。听故事是阅读的第一步，让孩子有了这样的习惯，也借由听故事，感受故事内容与场景，这与让孩子坐在一边看卡通片是不一样的。故事给予孩子更多的想象空间，并且认识书籍的魅力能为将来的学习和语言程度，奠定良好的基础与开始，这是非常重要却容易被我们忽略的事。

从小开始听故事，也是一种没有压力的早教培养，虽不会立竿见影地看见效果，却可以在未来收获此时播种结出的丰硕成果！

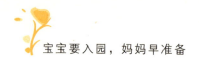 宝宝要入园,妈妈早准备

4. 幼儿园时期开始去图书馆

因为我自己喜欢买书、看书,因此我从小喜欢带着小K到图书馆或是逛书店。

小K第一次去图书馆,是他4岁的时候。旅居苏格兰时,我当然带他到格拉斯哥大学附近的一座公立图书馆看书。那个图书馆可以免费进入,只要是居民就可以办证借书,里头的设施完备,也有孩子的专属区域,孩子可以涂鸦、阅读绘本、进行视听教育……馆藏非常丰富。它也是我们在苏格兰旅居时,寒冷冬天里很好的去处。

后来搬至德国,小K跟着老师和全幼儿园同学到图书馆。每隔一阵子,幼儿园老师都会安排校外教学,其中一定经常有去图书馆的行程。在图书馆里有故事书,老师会带领孩子去看书,作为入门。当然,现今孩子有各种丰富的资源,去图书馆已经不是什么特殊体验了,可是在十多年前,德国的幼儿教育中就已把这件事作为一个重要的议程了。

第三章 阅读培养——一个好幼儿园的标配

阅读是未来孩子学习的基础,虽然在幼儿园时期的孩子还没有阅读能力,但是老师带着他们亲近图书的做法,具有抛砖引玉的作用。让孩子在图书馆里听故事,让他们自己选择喜欢的绘本翻阅,都是对孩子阅读的启蒙做法。不光是家长,从幼儿园时期开始,老师便已经在做着为孩子培养阅读习惯的基本工作了。

到城里的图书馆,对幼儿园的孩子来说,是一段有趣的旅程,他们由老师带领,搭乘公交车到城里的图书馆。此外,一般在学校附近小区也有图书馆,有许多家长也趁着空闲时间,带着孩子到图书馆,让亲近书籍的活动成为一种生活模式,让孩子渐渐爱上阅读。

我在德国幼儿教育中体会最深的,是他们非常善用耳濡目染的方式,让所有的行为、习惯、借由生活中的小事,点点滴滴地融入孩子的学习和生活之中,自然而然地,孩子感受到这样的氛围,教导起来也就容易多了。说实话,这一代孩子接触电子产品的时间太早太快,年纪太小。虽说是一种时代进步,但也丢失了另一种乐趣。虽然电子阅读对孩子来说可能也是阅读,但是与孩子触摸翻阅实体书的心理感受与愉悦程度,是不相同的。

因此即使手机、计算机这么普及,又是日常生活不可或缺的物品,在孩子上幼儿园之前,乃至在孩子10岁之前,也最好避免接触电子产品,给孩子单纯的阅读乐趣,以及欣赏生活的乐趣。

10岁前少看电视,不要因为担心孩子吵闹或影响自己聊天,养成让

宝宝要入园，妈妈早准备

孩子拿着 iPad 在一旁自己沉浸于网络世界的习惯，这样的习惯一旦养成，就非常不容易再改变了！

除了阅读之外，我还会带着孩子去印证书里的知识，从书中的内容出发，给孩子另一种真实生活的充实，而非仅是虚拟世界的建构与想象。

洪兰教授所做的研究指出：人在接受外界刺激时，会激发一连串大脑神经回路的活动。阅读时神经回路活化的程度，比看电视来得深。也就是说，比起影像的影响，书籍对脑部的影响是更为正面和深远的。

婴儿时期就可以开始给孩子看布书、洗澡书，不识字也可以自我阅读，阅读和识字不该画上等号。

培养孩子的读书习惯，自然也不可操之过急，必须长时间地实行。有些妈妈甚至带自己的小婴儿上图书馆。我在德国的小区图书馆里，曾经看到一位德国妈妈，坐在图书馆的角落里，为两岁多的孩子念着精彩的绘本故事，别说孩子年纪小听不懂，那个孩子安静地听着妈妈用熟悉的声音为她讲着故事。

此外，我喜欢在固定的时间送书给孩子，小时候是由我来帮孩子挑选，长大之后我让小 K 自己选书，我只是在一边确认这些书籍是否适合，以及给出自己的建议，并不会过多干涉孩子选书。也有幼儿园会将阅读化为戏剧表演，让孩子以不同的形式来接受和喜爱阅读。

由于我把书与生活结合，再加上旅居德国期间老师的培养和指引，小 K 成了个爱看书的孩子。尤其是 15 岁以前的大量阅读，使得他不仅语文能力相当不错，对于各种知识的吸收也极为快速，这是从幼儿时期开始培养阅读的习惯，到高中时期才慢慢显出的成果。

培养阅读是一件长远且需要持续的事，就跟"培养一个习惯很不容易"是相同的道理。但习惯一旦养成，通常会跟随着你一辈子。善用孩子的幼儿期，给孩子各种未来的准备，也许花了我们很多时间，也必须让自己的生活有些调整，但一旦这些良好的基础养成，不管是孩子还是我们自己，都会越来越轻松，而随着岁月的累积，就会看见美好的成果。

宝宝要入园,妈妈早准备

5. 阅读是亲子间的分享时间

培养孩子阅读,越来越受到家长重视,而什么时候开始培养孩子的阅读习惯,成了许多家长关心的关键问题。

但其实最重要的,不见得是多早开始培养孩子阅读,而是培养孩子阅读的方式。在孩子还小、不识字的时候,陪伴孩子阅读是一件很重要的事,而陪伴孩子讲故事、读故事、看绘本,除了是温馨的亲子时间,事实上已经开始培养孩子的阅读能力了!

小K喜欢读书,和我们从小的培养绝对有关系。

小K小时候每天洗澡时,除了有玩具陪伴他一起,还有一本"洗澡书",陪伴他度过愉快的洗澡时光。洗澡书中有简单的图案,于是小K每天洗澡时,都会自己念念有词地把这些图案一一地复习一番。而小K人生的第一个圣诞礼物,就是来自"圣诞老公公"的一本关于火车的书。

当时两岁多的小K,对火车无比的着迷,因此在收到他的第一本书

第三章 阅读培养——一个好幼儿园的标配

时非常开心,这是一本只有图案的小书,但当时小 K 收到这个礼物时会自己翻阅,并且自己编故事内容。这是孩子对书认识并且喜爱的最好开端。当然,随着年龄增长,孩子会开始延长阅读的时间,加大阅读的深度和广度,这就达到了培养的目的。

一般孩子到了中学以后,课业繁忙,自由自在阅读的时间没有那么多了,但若是能够在小学毕业之前的阅读黄金期奠定孩子阅读的基础与习惯,这对孩子的学习无疑是最大的帮助。而这些培养的开端都需要家长耐心与长期的培养与引导。所以用阅读来充实与孩子的相处时间,是很好的方式。

许多父母为生活家计而忙碌,没有太多的时间陪伴孩子,因此每天留出一段阅读时间不仅是与孩子相处的时光,也是启蒙孩子阅读的好方式。所以只要从小每天用一小段固定的时间,给孩子讲讲故事、读一读书,长期下来会有很不错的效果。

那么谁来陪孩子阅读?其实爸爸妈妈甚至爷爷奶奶都可以读故事给孩子听,更是可以利用琐碎的时间,来帮助孩子爱上阅读。

在德国生活的几年时间里,我们帮小 K 奠定了坚实的阅读基础。在欧洲,外食花费昂贵,因此一天三餐是我这个家庭主妇最大的任务。而傍晚做晚饭的时间,偏偏是小 K 放了学、在一旁啰里吧嗦吵闹的时刻。因此,我们便想法子好好地利用了这段时间。小 K 爸爸回家后,我开始煮饭,一开始小 K 爸利用这段时间,自己看看书、修剪花木,后来小 K

宝宝要入园，妈妈早准备

看到爸爸每天傍晚下班后拿本书坐在那儿看，等着吃晚餐，他就缠着爸爸跟他玩，小K会跑到爸爸旁边有样学样地拿一本书来，装模作样地读（其实当时他都看图，啥字也看不懂！）

于是小K爸爸就让小K去找一本书来，陪他一起阅读。小K便兴致盎然地询问着书中写的是什么，爸爸开始一一解释给小K听，小K也会随着故事书的内容不断地问着许多问题。这是一个很好的亲子交流时间，也是对孩子输入许多价值观的好时机，借着故事的分享，用故事，用与孩子的讨论，在无形中建立孩子的价值观，比起不断耳提面命，这要深入也有效许多。所以这样的阅读时间，不仅培养了孩子的阅读习惯，还训练了孩子的思考能力，更是为孩子价值观的建立做了最好的准备。

一开始的时候，爸爸一页一页地念给小K听，时间一久，小K对书上的文字内容产生了兴趣，便要求爸爸教他念书上所写的字。长久下来，ABC都不见得念得全的小K，竟然可以慢慢读懂一些字了！上小学之后，更是开始可以自己阅读一些简单的书。之后字汇越累积越多，进步也就越来越快了。学校老师鼓励孩子到图书馆看书、借阅书籍，还用比赛的方式，看看谁在一周之中阅读的书籍最多，能得到老师的小礼物和表扬。此时小K已经很喜欢阅读，也有了每天阅读的习惯，因此他还一度成为学校同年级中借书率最高的孩子呢！

所以以让孩子听故事的方式开始建立阅读的习惯，是最简单也最有效的方式。故事本身就是一种分享、一种潜移默化的教养。要避免过多说教、过于八股的"品格故事",这无法引起孩子的阅读兴趣。识字以后的共读方式,和不识字的时候不同,可以借由讨论的方式,来实现亲子间的分享与沟通。

除此之外,无论你相不相信,孩子是否爱阅读,与家庭藏书量呈现正相关。

根据 Scholastic 调查,美国有 0~17 岁孩子的家庭,平均拥有 104 本书,但爱读书的孩子家里有 141 本书,不爱阅读的孩子家只有 65 本书。加拿大爱阅读的孩子认为,阅读最大的好处在于"得到启发(76%)"以及"有成就感(90%)"。印度家长则认为,阅读最大的好处在于"增加字汇与语言能力(69%)"。

所以家中的书籍越多,越容易造就孩子喜爱阅读的一个氛围与习惯。除了鼓励孩子阅读,父母本身的阅读习惯,对子女是否爱阅读也有重大影响。比如说在加拿大,57%频繁阅读的孩子,其家长也爱读书;但阅读少的孩子的父母,只有 15%爱阅读。英国、澳大利亚也大致是如此。

因此,所谓的陪伴孩子读书,其实家长自己也在读书。

而有了便捷的网络电子产品之后,书籍似乎被打入"冷宫",变得不再重要。其实书本的阅读可以凝聚更久的时间,亲子的阅读时间一旦形成,就会变成一种不可或缺的家庭习惯。不论哪个国家,家庭都是鼓励孩子阅读的最重要推手,占比高达八成。老师与学校居次,但仍有可

宝宝要入园，妈妈早准备

观的影响力。

所以，养成随时带着书的习惯也十分重要。正如欧美调查结果所言，习惯纸本文字书的孩子，对电子产品乃至电子书并不会那么沉迷。从小K很小开始，无论外出用餐、乘车(火车可以，汽车上不建议看书，容易伤害眼睛)还是旅行，在外闲暇的时间里，他都会带着一本书，在无聊的时候拿起来阅读。

孩子识字以后，或更长大一些，便可以互相介绍自己喜欢看的书，阅读完之后互相讨论，也是一种很好的分享方式。所以在我们家，买书是没有预算限制的，甚至在国外旅行时小K也喜欢逛书店、买书，因此搬家的时候，光是我们家的书就占了大约一半的箱子，但这就是孩子阅读的基础来源，也历历印证着我们一起阅读的亲子时光。

若是先读书再看影像，更会加深阅读的兴趣和深刻印象。还有，只要找对了书，可以说没有不喜欢阅读的孩子。选书不必担心识字程度，也不一定要从简短的书开始，只要是孩子喜爱的书，都可以让孩子阅读。渐渐地你会发现，与孩子共读是成长记忆中非常美好的一页。

第四章

安全教育
——幼儿园要教会孩子自我保护

第四章 安全教育——幼儿园要教会孩子自我保护

1. 让孩子认识危险

你能想象吗？在德国幼儿园，老师经常放任孩子去探索各式各样的新事物，这样做除了让孩子吸收各种生活常识外，还为了让孩子学习认识危险、面对危险。

在生活中有很多危险的事，我们无法一一为孩子预防，甚至有时候孩子就在眼前，仍然有可能发生危险，所以让孩子避免危险的最好方式，就是让孩子自己意识到危险，预防的效果才会增加，也才能让孩子渐渐具备独立自主的判断力，不会故意或因为无知而去触碰危险的事物。让孩子认识危险这件事，在德国幼儿园中，受到老师相当的重视。如果孩子没有意识到危险，那么再多的耳提面命其实用处都不大。耳提面命往往反而会让孩子失去专注或听话的能力。

我去接孩子的时候，老师常常会告诉我小K当天的情况。有时候跌倒受了一点小伤，或是和其他孩子有点小小的肢体碰撞，老师会在我接

宝宝要入园，妈妈早准备

孩子的时候告知。只要没有非常严重的事件，不会打电话来造成家长的紧张。

回台湾之后，发现学校里的情况跟在德国时大不相同。许多家长非常容易大惊小怪，造成许多老师每个细节都来跟家长报告。有一次老师竟直接打电话来告诉我："小K今天被坐在旁边的同学用铅笔刺到，有一点小小红红的……但无大碍，请妈妈放心。"

我真的完全无法理解，已经小学四年级了，这种老师就可以处理好的小事，为什么需要"特地"打电话告诉我？小K在德国幼儿园里，与同学碰撞都是常有的事，只要没有生命危险，老师在家长接送孩子的时候告知就可以了，更会利用这样的机会教孩子：什么事是危险的；同学之间即使玩耍，也应该要怎样注意安全。每个孩子的成长，都是一次次经验的累积，孩子要自己意识到危险，才会注意自身的安全，否则有些孩子你越说不行，他反而越想尝试看看，这岂不是本末倒置？说实话，谁不是这样在跌跌撞撞中长大的？德国的成人，从小就让孩子亲自体会到危险，孩子才能更知道如何避开危险。

以在德国过马路这件事来说好了。无论老师还是父母，首先教孩子的是遵守交通标志，遇到没有交通标志的地方，必须左右看清两个方向的来车，然后才通过。

有一位德国朋友告诉我们："你绝对不可以在孩子面前闯红灯，虽然你可能觉得这样小小的违规没什么大不了，但会为孩子带来不良的示范，而且会减低他们的危险意识，这是一件因小失大的事！"

像这样的细节，并不是口头告诫孩子说说而已，必须以身作则，才能让孩子意识到这件事的危险性和重要性，而不是告诉孩子说："你不能在红灯时穿越马路，非常危险！"而自己却一点也做不到，这种"只准州官放火，不准百姓点灯"的双重标准，对孩子完全没说服力，是永远无法让孩子意识到周边的危险性的！

另外，"感觉到痛"也是孩子学习照顾自己的必经之路，家长们整天紧张兮兮的，对孩子没有好处。比如在森林里或公园里玩耍的时候，我就在中国台湾和德国看到过两种很极端的做法。

台湾许多父母看到孩子跌倒了，会赶紧去抱起来，甚至有些还会指着地上或是让他跌倒的"罪魁祸首"（可能是石头或是凹洞）说："坏坏，害我们家的宝贝跌跤了，宝贝别哭，咱们打它。"

而在德国我看到的大多数父母或老师，却不是如此。他们首先会先观察一下孩子是否严重（如出现需要急救或血流不止的情况，自然是另当别论），如果不严重，大人会去把孩子扶起来，看看他的状况，安慰孩子，然后告诉孩子："你真是勇敢的小孩，跌倒可以自己站起来，但是你看，因为你走路没注意跌倒了，是不是很痛？所以我们以后玩耍或跑步的时候一定要注意，好吗？"接着孩子就没事般地去玩了。

这两种处理方式的最大对比就是：前者把过错推给别人，而后者是

宝宝要入园，妈妈早准备

借机让孩子因为痛而记住教训。通常我发现后者的方式对孩子来说更有效，而且孩子也可以对自己建立起一种"勇敢面对"的自信。

除此之外，德国幼儿园中，老师们不会禁止孩子使用刀子、剪刀等危险物品，而是在孩子要使用的时候，告诉他们正确的使用方式。我曾经在一次幼儿园的森林散步中看见老师教导5岁的孩子们使用槌子、刀子等工具，并且在一旁监督，他们有自己动手试试的机会。

还有，在森林里爬树这件事，德国家长和老师都鼓励孩子试试看、爬爬看，不要放弃。印象很深刻的一次，是小K的一个玩伴有天手臂吊着绷带来找小K玩，我急忙问她的妈妈："Yan的手怎么了？"

Yan的妈妈回答："爬树不小心从树上摔下来摔断了，虽然吓了我一大跳，但这样摔一次，下次他就知道爬树要怎么小心了！"德国妈妈真的是很正面的思考方式，心脏得练得多强大呀！她没有禁止孩子将来再爬树，也没有强调自己多么担心害怕，而是借此机会让Yan学到教训！

在我成长的观念里，师长父母们总是不断地说：这个不行，那个危险。但是孩子总会想着：不做怎么知道危险呢？于是背着大人做危险的事，这样更危险！所以我渐渐开始赞同德国父母的想法，也照着做，发现其实效果真的还不错呢！

日本游戏场专家仙田满认为："要提供给孩子最小的危险，才让孩子从体验危险中学会如何保护自己，而免于更大的危险。"

第四章 安全教育——幼儿园要教会孩子自我保护

只要孩子有足够的安全感，让孩子从小就认知到：无论如何，父母亲永远都在，而我们身为父母或老师，只需要给予孩子认识危险的协助，提供给他们认知危险的知识。所以德国人让孩子在安全的前提之下，给孩子安全的框框，让孩子自由地探索世界。

德国老师和妈妈也会找机会让孩子在厨房帮忙，这样孩子不但可以学习很多，也可以认识厨房烹饪时火和炉子的安全使用方式，别太怕孩子受伤。

此外，除了本身的危险预防意识之外，还有外来的安全考虑。

比如说在放学的时候，德国幼儿园通常在开学时就会指定好每天来接孩子的人选，可能是爸爸或妈妈，也有可能是爷爷奶奶，都必须填写好。如果换人来接送，就必须出示白纸黑字的"书面证明"，并且必须事先告诉老师接送的时间以及何人接送，如果事发突然，临时不能来接孩子，也必须打电话跟老师说明，并且告诉老师孩子将会由谁接走，老师才会放行，第二天还得补一张书面证明。这说明他们对于孩童的校园安全是多么重视！随时避免任何危险的发生。

到了小学，如果家长在单据上写的是下午三点半放孩子离开学校，就一定是三点半，绝对不会提早也不会延后，孩子不赶紧离校的话还会被老师催促："你该回家了！"这是让孩子对自己负责，也是学校对孩子安全负责的态度，同时也让孩子从中了解到自身安全的重要性。

宝宝要入园，妈妈早准备

由于德国的学校小，因此上课时间内学校都是不允许外人进入的，即使是家长临时有事要进入学校，也必须按门铃表明身份和来意，才可以被允许进入校园。关于孩童的安全这一点，德国人是非常严谨且注重的，而这一点也非常重要！我们无法一辈子在孩子身边保护他们的安全，因此就必须让孩子从小对自己的安全有所警惕。这种意识需要长期培养，但是必须从小抓起，并且让孩子知道以自身安全为第一的考虑，是一件最重要的事。

如果每一位幼儿园老师和家长都可以这么不怕麻烦地教导孩子，一般到了10岁左右，孩子很多行为和观念就已经建立好了，家长们也就会越来越轻松，这也为未来面对孩子青少年的逆反时期，做了最好的准备。否则，当耳提面命对孩子没有用的时候，家长也只能听天由命了。因此幼儿时期危险意识的建立是真的有必要，并且非常重要。

2. 保护自己化解冲突

现在的孩子大多被保护得很好，常常一有争端，先不论对错，家长就常不分青红皂白地站出来维护自己的孩子。当然这是天性，可是我们真的能保护孩子一辈子吗？

在国外，最容易发生孩子被霸凌的状况，一开始最主要的原因，十有八九是因为语言不通，对于周遭环境害怕，又暂时交不到朋友，因此有了与期待的落差，就很容易被别的孩子欺负。我们刚旅居德国没多久，因为发现国际学校有不少以大欺小的霸凌校风问题，所以我们将小K从说英语的幼儿园，转入德国一般的幼儿园。而就在这一般的德国幼儿园中，我也学习到了如何引导孩子保护自己。

首先每天回家的时候我会用聊天的方式，问问孩子今天在学校发生了什么事，了解孩子的状况，即使是别的孩子有什么冲突，也可以用聊天的方式和孩子"探讨"，顺便借机教育一番。长时间下来，就可以从

宝宝要入园，妈妈早准备

孩子的角度去了解孩子的学校状况，以及在学校与同学的相处状况，还要不定期地和老师讨论一下孩子在学校的状况。

其实在幼儿园中，除了老师的监督和协助之外，可以让孩子学习保护自己。这就是身为父母要做的"前制工作"了。

依我们在德国生活为例，刚开始的时候，环境还不熟悉，我告诉小K："你遇到任何问题，一定要先去告诉老师！"

因为在一个新的或陌生的环境下，这是最直接最有效的方式。但是时间久了，总不能什么事都报告老师吧？那老师不得烦死？因此我做了一些小修正，告诉小K："你现在已经对学校很熟悉了，如果再有同学欺负你，或是你觉得有什么觉得不好的事，你再去告诉老师！不需要每天去跟老师报告。"（就是比较严重的事件再说即可。）

后来学校的老师也会告诉小K，自己先尝试着自己解决问题，如果真的很困扰不能处理了，再来告诉老师。

德国幼儿园，老师会告诫动手打人的孩子，也会教导孩子自己尝试着先去解决问题。

很多霸凌起初不见得是真的霸凌，只是对对方好奇或者不了解，想引起对方的注意。但孩子自己不会处理这样的问题，久而久之，似乎弱的一方就被霸凌了。所以首先必须教孩子讲道理，遇到问题先自己可以尝试找寻解决的方式。

第四章 安全教育——幼儿园要教会孩子自我保护

其实大多数的时候，孩子是没有隔夜仇的，一时的吵架，通常孩子很快就有解决的方法。如果没有解决，大人应该帮助孩子去解决，不见得马上要介入。

像在德国幼儿园的"生存法则"就是：不想接受别人的游戏规则，就得自己想办法！

有一次接孩子，因为时间还早，我就站在一旁和老师聊了一下，老师告诉我她当天观察到的一个有趣情形：

帕斯卡是学校孩子的头儿，大家喜欢跟着他玩，因此有时候他便有些霸道。

那一天帕斯卡占着沙坑，只让他喜欢的朋友一起玩，不让其他的孩子加入。这个时候孩子可以有他们自己的解决方式：选择不玩沙，找别的东西玩；或是过一会儿再过来，也许这群玩沙的孩子就走了；再或者是想办法融入他们，让他们接受自己一起玩。这跟每个孩子的个性有关，没有对或不对，只是孩子会依着他们自己原本的性格来决定。

此时的帕斯卡认为沙坑是他的，摆明了不让小K加入。小K到别处转了几圈，又绕回来，原来以帕斯卡为首的孩子都还在持续"霸占"着沙坑。于是一直想加入的小K，去弄了一桶水来，直接跑了过去，将水倒入帕斯卡他们建造的沙堡渠道(他们说那是护城河)中，本来这些孩

宝宝要入园，妈妈早准备

子还很生气的，正要找小K理论，但是看到"护城河"有水顺着流了下来，突然觉得这样很有创意，帕斯卡就告诉小K："我们有真的护城河了！水不够多，你再去拿些水来，我们把外面的护城河做长一点。"

帕斯卡此时早忘了，刚才是谁坚持不准小K一起玩的！

就这样小K加入了他们堆沙堡的行列。

没多久，传来老师的呼叫声："帕斯卡，你妈妈来接你了！"

"好。"帕斯卡一边回答着，一边转过去告诉小K，"我们明天再继续做。我现在要回家了。"

"喔！好啊。"小K很爽快地回答着。

咦？前15分钟不是还势不两立吗？怎么现在变成了好朋友？这就是孩子的世界。

有时大人的过多介入，反而让孩子的人际关系受到了阻碍，所以不要过早涉入孩子的纷争，先退一步观察，视情况再做处理。否则孩子没有绝交，反倒引起家长间的对立和冲突，那就得不偿失，也为孩子提供了不良示范。

后来从欧洲回国，我发现台湾孩子和德国孩子不太一样，不知为什么，特别喜欢告状，弄得老师经常需要处理很多鸡毛蒜皮的小纷争，忙得人仰马翻的。在幼儿园里孩子自由玩耍的时间很多，老师也不可能随时盯着每一个孩子，冲突的事件是不可避免的，因此若不是过于严重的

第四章 安全教育——幼儿园要教会孩子自我保护

事情，老师和家长需要做的，是用正确的方式，引导孩子解决问题，保护自己，也学习尊重别人。

让孩子学会尊重他人的底线，而不是为所欲为。解决问题的方法有很多，孩子必须学习去处理自己所遇见的状况和冲突。大人不要过早介入孩子的纷争，有时候孩子会捍卫自己。

小K还在德国国际学校的时候，有个台湾来的小女生，经常被一个日本小男生拉头发。小女生每次被拉头发之后，都会很生气地告诉日本小男生："你不要再拉我的头发，我讨厌人家拉我的头发！"

日本小男生却依然我行我素，还是经常拉小女生的头发。

有一天我遇到小女生的妈妈，这位妈妈跟我说："那个日本小男孩不再拉我女儿头发了。"

"他怎么突然改过自新了？"我真的很好奇，想知道是什么让他突然"转性"了的。

小女生的妈妈笑着说："前几天他又拉我女儿头发了，我女儿非常生气，这次什么都没说，回头直接狠狠打了他一拳！之后他就再也不拉我女儿头发了。"

好直接的解决方式呀！我听了觉得这小女生简直太有个性了！虽然我并不建议，也不会教孩子用"以暴制暴"的方法解决问题，但是孩子自己会找到自己的底线，即使只是6岁的孩子！

宝宝要入园，妈妈早准备

每个孩子在成长过程中都会遇到许多问题或挫折，自然无法避免地会面临与他人之间的冲突，他们必须在幼儿园这个小型的社会中，开始练习自己解决问题，我们应该允许孩子在幼年的时候就可以在我们的监督之下，练习解决自己面临的冲突和难题。

当孩子遇到冲突问题时，老师和家长首先得厘清事情的真相，了解当时的状况，幼儿园老师必须有专业的处理能力，尽可能和平妥善地解决问题。此外，可以先教导孩子如何免于被霸凌。当冲突发生时，先搞清楚孩子起冲突的根本原因，才能真正地解决问题。

孩子到新环境时，家长最好先跟老师沟通，帮孩子做心理建设，让孩子对自己有信心，帮助孩子交新朋友，让孩子减低对新环境、新同学的陌生感，从而尽快地融入学校生活。有了对环境的安全感和认同感，孩子也才会渐渐树立起信心，学习面对和解决自己所遇见的困难。

第四章 安全教育——幼儿园要教会孩子自我保护

3. 犯错与认错——处罚得当吗？

有时候，教养除了是一种身教，还需要父母亲的 EQ（Emotional Intelligence），父母掌控好自己的情绪，才能教出懂事且讲理的孩子。

而父母亲的 EQ 自然不会天然生成，也需要后天的学习和练习，才可以越来越驾轻就熟。而孩子犯错的时候，经常就是父母"修炼"EQ 的最佳时机。

人的成长经常是由一点一滴的小错误改过累积而成的，这是一种学习，我们必须给孩子这种学习的机会。

人常常会有一种"劣根"的心态，就是：人家叫你别做的事，你就特别想做！孩子也是如此。

有时候孩子犯错，倒不见得是故意想"唱反调"，可能是为了好玩，可能是不经意，也可能是他根本不知道这样做是不对的。所以当孩子犯了错误，我们最重要的是让孩子意识到错误，也可以用一些处罚的方式，

宝宝要入园，妈妈早准备

让孩子记住教训，而不再犯。

我们常说"机会教育"，所以当孩子犯错的时候，最好可以先暂时压下自己当下的愤怒情绪，才能让这个"机会"变成最好、最有用的教育。

我们教给孩子的，不是让孩子一路平顺，而是要让孩子知道：跌倒并不可耻，但是要找到站起来的方法；犯错并不可恶，但要从错误中记取教训，永不再犯，这才是我们教育孩子的最终目的。那么，要怎么做，才可以让孩子真正意识到自己的错误呢？

由于西方的教育方式以"孩子开心快乐"为主要目标，让大家误以为西方国家的父母都是不处罚小孩的，这真一个大错特错的观念！"罚"只是一种途径，无论是揍小孩，还是好言相劝，抑或是其他的处罚，只是让孩子改过的一种手段而已。只是这种手段，西方人用的方式是比较迂回，也比较容易达到好的效果，但的确是费时费力，考验父母的耐性，但这样的方式可以说是前苦后甘，孩子小的时候多花些时间，长大之后父母就会越来越轻松，甚至这种累积可以为令人头痛的青少年时期奠定一些减少烦恼的基础。

虽然现在较少有当街教训孩子的情景发生，但是不代表这些事不再发生。不在公共场合处罚孩子，是对孩子一个基本的尊重，不管孩子多小，这都是对他自尊心的尊重以及奠定孩子将来尊重其他人的重要基础。幼儿园及小学时期，是为孩子人格和行为奠定基础的时候，教养必须严格，但用的方式要温和，才能达到良好的效果。

第四章 安全教育——幼儿园要教会孩子自我保护

所以从小，每当孩子犯错时，当下说清楚孩子所犯的错误，该罚的时候就一定要处罚。孩子的忘性是很大的，犯错的时候若没有当时纠正，孩子再度重蹈覆辙的机会是非常高的——也就是我们常说为什么同样告诫孩子的话，说了几十次都没有达到预期的效果，那正是因为每次都说一样的内容，孩子早就听得疲乏了，成了一种说教的方式之后，久而久之就成了"耳旁风"。所以当下让孩子领会到自己的错误，是最必要的一个过程。如果每一次孩子犯错的时候，我们都可以认真地说明孩子的错处，效果就会明显好很多。

所以说处罚还是必需的（处罚并不是体罚，不该混为一谈）。处罚是为了让孩子认知到，自己做了不该做的事，必须付出与承担代价，而不是为了揍孩子一顿（因为体罚大多只会让孩子记住身体上的疼痛，而忘了挨揍的原因，并种下孩子未来有可能的暴力因子）。

所以，有意义的罚才是处罚。

以我亲眼见到的小例子来说。在德国幼儿园及小学中，沙坑是游玩项目中很重要的一项设施，孩子们也特别喜欢玩沙、在沙坑里打滚，因此在玩的过程中，孩子互相丢沙子，就是一件避免不了的事，因此互相丢沙子就成了经常发生的情节之一。无论是好玩还是故意，互丢沙子都是一件危险的事——除了容易让沙子伤及眼睛鼻子嘴巴之外，这也是一种攻击的行为，所以幼儿园中严禁丢沙子。德国老师会罚丢沙的孩子站在一旁看，不能和大家一起玩，一直到他承诺不再犯。

宝宝要入园，妈妈早准备

　　这对爱玩的孩子来说，是一个严重也有点痛苦的惩罚，每次我去接小K放学时，就常看到沙坑旁罚站的，那必定是今天又犯规拿沙子丢同学的小孩了！丢沙之外，还有抢同学玩具的，老师会要求抢玩具的孩子今天整天都不可以碰那个玩具，直到他承诺不再犯，也真的不再犯为止！这些个小小的例子让我知道，必须认真思考什么样的处罚是有效的，而越是会让孩子长记性的处罚，越是有效！

　　当然了，大多数孩子并不会因为一次错误就完全改过，重复犯错几次之后，老师和家长若有得当的处理，孩子很快就能做到不再犯同类的错误。

　　在德国幼儿园中，有规矩才有自由，不守规矩就有权没收你的自由，而在家中父母亲也是严格遵循这个道理。这也是在大多同年纪的孩子中，德国孩子看起来成熟讲理的原因，也都拜从小的养成与训练所赐。

　　再举个在国内发生的德国妈妈的小故事。

　　在小K学校有个德国妈妈凯瑟琳，有一次她的孩子苏珊娜被一个比她高很多的孩子打了，在台湾，很多家长是会因此闹到学校和对方家长"理论"的，或者要不顾一切"讨回公道"的。

　　但凯瑟琳检查过苏珊娜并确定没事之后，没有做多余的处理或告状，只是让那个打人的孩子到苏珊娜面前认错，握手言和，并直接且严肃地告诫打人的孩子：随便打人是不对的行为，希望他下次不要再做同样的事！之后两个孩子还是继续好好地相处。所以说处罚虽然很重要，父母的 EQ 也发挥了很大的作用。

还有一次，小 K 和同班的小男生，因为好玩，用消毒剂喷脏了同班德国同学莉萨的笛子，我带着小 K 一起向莉萨的妈妈道歉，莉萨的妈妈对我说："这不是你的错。"然后转头对小 K 用德文态度严肃地好好说教了一番。之后小 K 再也没犯过任意弄脏别人东西的错误。

所以小时候每一次孩子犯错的处理，都非常重要，不要认为是一件小事，不去正视和处理，也不要因为一些小事，而扩大处理，这对每一个孩子的未来，都可能产生深远的影响。

德国的幼儿园和家庭十分重视孩子犯错后的改正和犯错后的态度。所以身为父母必须先训练自己的 EQ，才能对孩子做出正确的引导或者为了让他们改正的有效处罚，让孩子知道有错必改才是最重要的事，如此也才能达到导正孩子错误的目的。

宝宝要入园，妈妈早准备

4. 相信孩子的能力

有位朋友抱怨他女儿上了高中后，不知在做什么，很难掌控，于是问我："小K现在高中，他放学之后就直接回家吗？"

"没有。他三点放学，因为他搭校车，所以要在学校待到四点半才乘车回家。"

朋友又问："那他在学校做什么？"

"有时候有社团活动，没有社团就和同学打球，不然就是和同学聊天……大概就是这样吧。"

朋友很讶异地问我："他说你就相信喔？他确定真的在打球？不是跟同学鬼混？"

这样的问题问得我真不知该怎么回答。不然呢？每天像侦探一样地跟着孩子，探查他的每一个细节，这样真的好吗？

不可否认，有很多孩子的确是如朋友所说的一般，并没有真实地让父母知道自己的情况。不过这样的信任，不是无中生有，是必须从很小开始培养，而不是到了高中之后还是紧迫盯人般盯着孩子，如此除了破坏亲子关系，没有其他任何正面的好处。这样的领悟，是我在旅居欧洲的时候开始学习到的。

德国幼儿园老师说："相信你的孩子，这点对他们来说，很重要。"

在幼儿园中，无论是爬树或是收拾玩具，老师都必须先信任孩子，让他对自己产生信心，也让他觉得自己是可以受到别人信任的，这对孩子来说，是幼儿时期非常重要的自我心理建设，这样的心理建设一旦稳固，孩子就会慢慢成为一个可以信任的人，而不需要到了十五六岁，还必须查着他的行踪，问着每个细节。只要有彼此的信任，孩子就会对自己的行为负责。

就拿最简单的例子——以爬树这件事来说好了。

我们传统观念总觉得孩子爬树太危险了，一看到便会赶紧要孩子下来，别再爬了！但德国人不一样，看到孩子爬树，他们还会称赞："身手不错！"在称赞的同时，也会不忘提醒孩子：一定要小心。在德国的日子，我曾看到一个孩子爬一棵不怎么高的树，爬了几次都爬不好、爬不上去，在一旁很沮丧。幼儿园老师看到了，便走过去问他："卢卡斯，你怎么了？"

宝宝要入园，妈妈早准备

卢卡斯伤心地回答："大家都爬上去了，我爬不上去。"

老师问："你想不想再爬一次试试看？老师帮助你。还是你想放弃，去玩别的，或是下次再挑战？"

卢卡斯沉默地看着老师想了几分钟，说："我想再爬一次。"

卢卡斯说，他已经够大了（其实他真的不大，才5岁，可是他觉得自己很大了），不需要老师帮忙。自己又试了一次，这次真的爬上了树，他很开心，接着自己又试了几次，就抓到要领了，上上下下玩得很开心。老师在一旁跟我聊起来："卢卡斯只是一时没信心，我们如果相信他、帮助他，他很快就可以知道自己是有能力的。"

老师继续说："你若全程寸步不离地陪在孩子身旁，其实是在告诉孩子，你觉得他会摔下来，你不相信他爬得上去，这样更容易摔！因为孩子感受到你的担心，就开始会对自己怀疑。但如果鼓励他，并且叮嘱他小心，让他尝试几次，一定没问题。"

这让我顿时觉得德国幼儿园的老师对待孩子真的很有一套！简简单单不露痕迹地解决了孩子的问题，而且还让孩子树立了自信。

所以相信孩子有能力处理、克服一些事，这对父母来说，真的是极大的挑战，我"练习"了这么多年，还是没办法修炼得很好。

前些日子，小K参加校外辩论比赛，在旅店的时候不小心碰了头，自行和几个同学到医院缝了两针，而他竟然都没说，到了第二天老师发现才通知我，把我搞得紧张兮兮，直问："到底有没有怎样？有头晕、想吐吗？"

小 K 很淡定地回答："妈妈，你可以 relax 一点吗？你这样会让我更紧张！我真的没怎样，就是小外伤而已！我自己可以处理的。"

好吧，是我紧张了。德国老师说得没错！你紧张，孩子会受到你的影响，反而是负面效果，即使长大了都是如此。

再说"使用工具"这件事吧。

德国是一个传统工艺十分讲究的国家，再加上人工成本很高，很多家中简单的修缮都需要自己完成，因此大多数的德国孩子很小就开始练习使用刀子、锯子等工具。老师不会认为这些工具危险而不让孩子碰，而是教他们使用之后，在一旁看着他们使用，相信他们有可以自己驾驭的能力。

再拿秋天帮忙摘樱桃这件事来说，朋友的孩子才刚刚上小学，放假的时候到爷爷奶奶的果园帮忙摘樱桃。爷爷奶奶们从不会嫌他麻烦或者越帮越忙，而是耐心地教孩子怎么摘樱桃、在林子里怎么注意安全……孩子不但帮了忙，也学习了如何采摘樱桃，对自己的能力会越来越有信心，相信自己是个有用的人。

宝宝要入园,妈妈早准备

从小开始,身为家长,必须尝试在一旁监督着,要相信自己的孩子,相信他的能力,适时地鼓励与指导,而不是一味地禁止孩子做这做那,与其错过培养孩子自信的好时机,将来还要花更多时间去扭转,那么还不如从小开始、从生活的琐碎开始好好锤炼。

第五章

人际交往
——幼儿园要教会孩子如何与人相处

第五章 人际交往——幼儿园要教会孩子如何与人相处

1. 欧洲父母的教养态度——把孩子从小养成"朋友"

"行行出状元"是德国大多数父母所认真执行的教育态度。

前一阵子小K在德国的朋友来访。小K这位的德国朋友比小K大一岁，已经开始工作了，他的选择是不念大学，而是开始工作。而每个人都得为自己的选择负责。

以德国工作总人口的比例来说，大学毕业生大约占了就职人口的18%，高职(Berufsschule)和进修学院(Meisterschule)加起来则是超过了60%，因此让孩子从小学会如何掌控支配自己的生活和生活态度，远远比是否念一流大学来得重要许多。孩子们只需要培养一项专长，便可以养活自己。

但是这些没有念大学的孩子，生活品位并不一定亚于那些念大学的孩子。有些高级的技职工，他们的业余兴趣可能是足球队教练，可能是业余小提琴手、手风琴手……这些都来自从小的培养与自我兴趣的探索，

宝宝要入园，妈妈早准备

与职业无关，也与贵贱无关，每个人都可以追求自己想要的、喜欢的生活方式。

因此，态度便是这些结果的关键。

小时候是学习态度的关键时期，与人相处的态度、对于社会责任的态度、对于自己的生活态度，还有自己对职业的敬业态度，都是从小在一点一点的生活中累积起来的。而如何做到这些呢？这与孩子从小在学校与家庭的培养有极大的关系。不是打不是骂，而是父母老师引领孩子一步一步慢慢成长起来。这不就是我们所期望收获的教育吗？

首先，教孩子认识自己，关键在于让孩子拥有多方面尝试的自由，让孩子认识到从小进行户外探索的重要性，幼儿园开始的每一项教育方针，都是为了孩子将来独立做准备，都是为了让他拥有独立的人格、独立的思考，以及正确的生活态度而打好基础。

在我们小时候那个年代，父母总是希望孩子一鼓作气，一路念书直接念到底，然后才开始工作。晚了一年就好似将来少挣了多少钱一般。可是许多欧洲的孩子，在高中毕业之后，选择到海外旅行或是打工，见一见世面之后，再回到学校念书，在英文中称之为"Gap year"。

有些孩子，则到海外志工交换。我曾经在台湾遇到一位德国高中生，高中毕业后，念大学之前先停下脚步，到台湾教英文一年，作为给自己上大学前的礼物，也体验不同于自己国家的生活，不用任何父母的资助。这一年实践是一种义务性质的教学，校方只提供食宿，没有薪资，虽然过的不是富裕的生活，但给年轻孩子磨炼以及看看世界的另一种智慧。在回去之前，他告诉我们，在这一年教孩子们英文的时间里，孩子们带给他很多快乐，也有各方面的收获，尤其对中华文化的认识和对台湾生活的了解，给他很多启发。

这与国内很多到了大学还要父母陪着去注册的年轻人相比真的是天差地别。同样的年纪，欧洲孩子已经可以为自己的将来做选择，而中国的父母仍在干涉太多细节上的事，这就是最大的不同！孩子之所以会长不大，长大后不知回报，都是因为父母过度牺牲自己，却让孩子以为这一切是理所当然。

我所认识的欧洲人，他们也许没有成天把"孝道"挂在嘴边，但是他们对家庭、对家庭关系的维系依旧是很看重的，而且尊重孩子。老人独立，不过度依赖孩子，反而让彼此的生活过得比较自在舒服。所以这些训练都得从小开始做起。

所谓教育是长期的，而长大后维持一个良好的关系，是非常重要的。

小K年满15岁那年，便独自和同学背起行囊，出发到德国参加语言和足球的夏令营，从转机、转车，一直到找到夏令营的地点，全都靠自己。虽然这第一次的独自旅行，遇到了飞机延迟，必须重买预订的火车票，还不得不尝试着与航空公司交涉延迟的赔偿，等等，但都给他们上了很珍贵的一课！这就是许多欧洲人对孩子的态度，尤其是严谨的德国人，落实得相当彻底，因为让孩子在安全范围内适度地尝试磨炼，几

宝宝要入园，妈妈早准备

乎是每个父母亲和老师都会找机会做的事。

小K在年满16岁的那一年到咖啡店打工，每天大约工作5个小时，薪资也不高，只能算是钟点工的工作，但是因为这个咖啡馆往来有许多外国人，因此他的英文专长得以运用，也必须学习如何招呼客人、如何点餐，如果有了一些问题如何去解决，另外还学习如何煮咖啡、调制饮品，并且学着做些简单的烹煮，这对于将来离家念书时可以知道如何照顾自己、与人互动，是一个很好的练习。

今年暑假，也是刚好有一个机会，我的一位医生同学请小K当他小儿子的英文家教，这给了小K另一种很好的磨炼机会。首先他必须准备上课的数据、上课的内容，需要思考如何用有趣的方式，让他的学生喜欢英文，并且学习和运用。他所获得的收入，就是他自己的零用钱，这比让孩子成天学习、成天念书更有所收获，而学习就是为了应用。许多欧洲、美洲的孩子在年满16岁之后，会开始打工，除了赚取零用钱之外，也是给自己一次很好的人生经历。

这些都是不断累积的过程。

我的朋友常说："你们家小K就是照着德国教育规格养大的孩子！"

我不否认，欧洲的6年生活，在对孩子的教育上给了我很大的影响和改变，因此我也有意吸收了许多德国人等欧洲人教养孩子的方式和观念，后来我发现执行的效果都相当不错。

第五章 人际交往——幼儿园要教会孩子如何与人相处

欧洲父母除了小时候严格要求孩子的行为规范，随着孩子的长大，会在某种程度上把孩子当成朋友一样对待，很多事情在不触及底线的范围内，让孩子有自由选择决定的空间，并且在一定的年纪之后，会跟孩子一起讨论一些重要的事。

明年小K就要独自离开家去念大学了，这些训练对他将来的求学或工作，都是最基本的训练，而这一点恰恰是我在欧洲旅居的时光中学习而来的教养态度：每个孩子都是个体，父母的角色是帮助他们的人生道路走得更好，而不是让他们活在父母的希冀中，步步为营。每个孩子都有自己的让他们路要走，父母亲是他们最好的引导者，而不是支配者。

宝宝要入园，妈妈早准备

2. 孩子在幼儿园的人际关系建立

我喜欢分享在德国时的生活经验和教养，并不是因为国外的月亮比较圆，而是在这生活的几年时间颠覆了我许多原本的观念，我也学习了我认为值得学习的观念，在这样教养我的孩子的时，收到了很不错的成效，因此我也不断积极地思考和探究：这些德式的教养方式，究竟有些什么是可以让我们可以借鉴的地方。

首先社会情况的不同，就会影响这一辈人对下一代孩子的教养态度，在我们纷纷希望孩子有机会可以到国外看看世界的同时，如果我们的孩子还是在封闭落伍的思想中，所学到的并不会太多，而孩子的观念和各种生活态度，最初都是来自父母，因此父母自身的观念非常重要。

现在孩子生得少，因此孩子们几乎都是被家长捧在手心中长大的，在幸福的同时，其实在人际关系这方面，会非常以自我为中心，而忽略其他人的感受。如果在教育中没有重视人际关系这一部分，孩子长大后

第五章 人际交往——幼儿园要教会孩子如何与人相处

面对人际交往、处理问题，会有非常大的障碍。

在德国，除了对孩子生活习惯的培养，学校中的人际关系，也是颇为重要的一个环节。

我到学校接小K放学的时候，经常会看到孩子们三三两两地在不同的角落玩耍；小K偶尔回家时也会告诉我，他今天和哪几个同学在一起玩什么、做什么事，等等。幼儿园的老师不会排斥孩子自己独自玩耍，但他们也鼓励孩子们在一起玩耍，并且分享玩具，分享共同努力的成果和喜悦。在幼儿园每天放学前的一段时间里，孩子们会在游戏场里自由玩耍，通常在这样自由的时间里，老师不会干涉孩子太多：有的孩子喜欢玩积木，可以抱着乐高玩很久，同学们一起完成一个乐高城堡；天气好的时候，则是在户外玩耍，冬天里下雪的时候，孩子们一起堆一个雪人、堆一座沙堡，怎样分工、如何一起完成，在幼儿园时期就开始有了培养的雏形。幼儿园的老师不会干涉孩子要跟哪些人做朋友，也不会非要把彼此不喜欢或总是吵架的孩子硬组合在一起玩耍，但他们会鼓励孩子一起完成一些事情，促成团队的合作。

健全的社会化能力是德国家长们非常重视的，因此除了在学校的互动之外，父母会还帮孩子约好，让孩子有交流的聚会。这聚会不只是把孩子约在一起玩耍，而是会让孩子从中学到人与人互动的方式和重要性，这是我们经常忽略的一环。在国内，经常是让孩子自己一起玩在一块儿，大人们聊大人们的，德国基本上也是如此，但是在一些大人安排

宝宝要入园，妈妈早准备

的场合里，孩子和大人们也是会有一些互动的。德国的家长，从幼儿园开始，会观察孩子与哪些朋友比较要好，并且找时间帮孩子安排"play date"，也就是玩耍的约会。

什么叫"玩耍的约会"呢？通常是一些有名目的聚会，例如 Nikulaus tag、生日 party，等等。小 K 在德国的时间里，这样的聚会可以说相当的多，而且家长们都会有些小默契，不定时就给孩子约一下这样的活动，有时候甚至家长都不出席，负责把孩子送到主办同学的家，约好聚会结束时间之后，家长再来接走，既成全了孩子们的社交活动，父母亲也轮流可以有一些自己的时间去办些事情，不至于被孩子绑住而动弹不得。

小 K 5 岁刚到德国后，第一次参加这种社交活动，是被幼儿园的同学 Max 邀请到他家过夜。一开始我还非常担心，怕两个小家伙把人家家里搞得面目全非，但 Max 的妈妈告诉我："不用担心，你知道我们家 Max 也是一个疯狂的家伙，我一定会把他们控管好的！明天我会把 Kevin 送回家！"

果然这一天两个孩子非常兴奋，大约晚间，Max 的妈妈打电话告诉我："他们俩在我家玩得很开心呢！依照惯例，七点钟我就赶他们进房间准备上床睡觉，两个孩子在房里玩到八点多才睡。"

第二天吃完早餐送小 K 回家。

后来，和朋友、邻居们越来越熟悉，小 K 就开始了更多样的"社交生活"。

有一段时间，为了让小 K 将来能顺利进入德国小学，我帮小 K 找了一位德文老师，老师的女儿 Julia 恰好与小 K 同年，因为老师家住在一个类似于四合院那样的小区，因此老师便安排小 K 幼儿园放学后每周两次到他们家，和 Julia 的邻居一起踢足球，一边练习德文，一边交朋友，建立良好的人际关系。因为每周这样固定的活动，小 K 不但德语进步神速，还因此交到了许多同年或不同年的朋友呢！

除此之外，因为在 Julia 家认识了 Julia 幼儿园的同学 Jan，小 K 和 Jan 非常合拍，因此经常和 Jan 相约在他家玩耍，经常一起爬树屋、分享不同的玩具；有时候还会相约到那位越南邻居家中玩荡秋千和滑梯；和对门的 Yan，到其他邻居家采草莓、看果树；有时候则到别人家玩水、玩沙；一群孩子相约在小区里骑单车、滑旱冰……

必须从小就开始这样的社交，让孩子从小就学会与人互动、学习与人相处，当然，前提是父母必须是自己熟识且信任的，环境也必须是安全的，这样才能给孩子提供更好的社交氛围，培养孩子的社交能力。我们必须意识到，孩子不是父母亲的附属品，因此德国家长们非常致力于建立孩子的各项能力，社交能力也是其中一项。

社交是未来社会重要的一环，从幼儿园时期就应该开始，如果遇到孩子的纷争，幼儿园老师必须有足够的训练和专业知识，来帮助孩子从

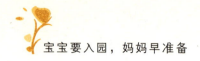
宝宝要入园，妈妈早准备

冲突中学习，家长不宜过度干预或一开始就加入孩子的纷争。鼓励并教孩子自己先与同龄人自行解决问题，老师与家长则先观察，再引导孩子寻求正确的处理方式。有许多孩子冲突或打架，经过调停后却成好朋友，这就是师长从中引导的结果，促进了孩子对人际关系的学习。

3. 沟通是从小开始培养的

在教养的过程中，我们都知道沟通是很重要的一件事，但却常会因为无法耐心沟通或者沟通的方式不对，非但没有达到沟通的目的，有时甚至会得到相反的效果。

当然,有很多人觉得孩子还小，沟通是没有用的，只能用强硬的手段让孩子乖乖听话。

可是你仔细想过吗？一旦形成这样的沟通方式，久而久之就很难改变，而随着孩子越来越大，这样的方式就越来越不管用了。尤其现在的信息发达，孩子聪明，一味使用传统父母权威的态度和方式，是无法教好孩子的。到了青少年时期，不是无法和孩子沟通，就是孩子叛逆，亲子沟通的问题越来越大。我身边还真有大把大把这样的朋友，为着自家青少年的问题，烦恼不断。可是这样的情况完全是一点一滴累积起来的，绝非一朝一夕所构成的问题。

宝宝要入园，妈妈早准备

所以沟通是一件非常重要的事，但却常常被我们忽略了，总以为教养孩子，是让孩子吃得饱、穿得暖，生活无虞，孩子可以多才多艺、认真学习，品行优良，但是却没发现，如果缺少了和孩子的对话，我们会在这样忙着教育孩子的生活模式中，与孩子渐行渐远，互不了解。因此从小就必须建立起和孩子沟通的渠道和方式，才能在孩子教养的路上，如倒吃甘蔗，越吃越甜。

想想，你常和你的孩子说话吗？是用怎样的方式和孩子说话呢？是讲没三句就火气往上冒，还是千篇一律地苦口婆心，讲了一百次孩子仍是我行我素，让你开始怀疑他：究竟是听不懂呢，还是故意不听？

当然我自己本身是个爱说话的妈妈，我打小K还在我肚子里有胎动开始，我就会跟他每天说说话，而且常常会得到他"踢两脚"响应。虽然感觉对着自己肚子说话的行为有点滑稽，但是我发现孩子出生后，对妈妈的声音是熟悉的。小K出生之后，我仍然持续着每天和他说话，即使他还是个婴儿。这奠定了我和孩子的"沟通"模式。

移居德国生活以及接触孩子德式教育之后，我更是从中学到很多。我从德国家长和幼儿园老师对孩子说话以及表达的方式中，了解到与孩子不断对话的重要性，因为这奠定着孩子长大之后，会以什么样的方式、什么样的态度与你说话的基础。我也是到了德国之后，才发现孩子原来是可以"讲得通"的，即使他年纪还小，只要用对了言语、用对了方式，就可以无往不利。

第五章 人际交往——幼儿园要教会孩子如何与人相处

我发现德国的幼儿园老师不用过多的童言童语来和孩子沟通，而是以简单、明了且又简短的句子和话语，对孩子下达他所需要接收的"指令"，如果有孩子不会或是不懂的，便会用极大的耐心为孩子说明。遇到孩子闹脾气或是大哭无法听进任何言语的时候，必须先处理孩子当下的情绪，等孩子心情平复了，再与他沟通，这样才会有成效，否则无论是用严厉的口吻还是强迫命令，在情绪不平稳的状况下，并不会有沟通效果，下一次还是会再发生相同的状况。

所以与越小的孩子沟通，越需要极大的耐心。

在传统的中国教育当中，一般比较不容许孩子有过多"自己的声音"，沉默受教是最大的"优点"。然而有时候该听孩子的说法，才能有效地贴近孩子的想法，并且达到与孩子沟通的目的。

我记得刚回台湾的时候，有一天老师跟我告状："Kevin妈妈，Kevin今天为了捡一张笔记，上课中从窗户跳到走廊上捡，希望你能够告诫他，让他以后不要再做这么危险的事！"

我问了小K是否有这回事，小K理直气壮地回答："从窗户比较快啊，不然它就飞走了！"

听起来似乎有道理，我并未多责备，只告诉他以后不要再跳窗户捡东西。

但是在德国如果发生相同的事，一般老师会先让孩子有申诉的机会，

宝宝要入园，妈妈早准备

然后反问他："这样真的会比较快吗？如果受伤了，没捡到，还不是一样飞走了？"

让孩子思索这件事的危险性，再告知他不要再做这样的事。你看，是不是很费时、费事的处理方式？可是这样的方式，是被孩子接受的；被孩子接受，你与孩子的沟通就有效果，若依照台湾老师那样传统的方式，强力制止，再跟家长告一状，孩子对老师的信任度绝对会骤减！因此与孩子的沟通方式真的是非常重要。

所以，即使孩子在幼儿园阶段，也要开始用清楚简单的方式和孩子说话，并且建构一个讲理的方式，和孩子沟通当下发生的事，当下沟通清楚，明确地告诉孩子你要表达的意思，不要说得隐讳不明。如果不确认孩子是否了解，也可以让孩子用自己的方式重复，以表示他已了解你的意思。

此外德国孩子不只是拥有表达意见的权利，更重要的是，他们的意见会被认真地聆听，不会让孩子觉得只是敷衍而已。因为德国人认为幼儿园这个阶段的孩子最重要的不是知识的学习，而是想象力和创造力的发展，因此和孩子以言语沟通较多，也有助于拓展孩子的思维方式。

所以给孩子双向自由对话的渠道、时间与空间，让孩子学习表达意见、拓展思路，同时达到学习沟通的目的，更可以借着与孩子的对话，了解与导正孩子的思想及行为模式。

第五章 人际交往——幼儿园要教会孩子如何与人相处

幼儿园的教育会奠定孩子的未来,常常会看似没有进度,但却有着深远的影响,因此在学前教育的养成中,不断且持续地与孩子对话,是值得坚持且必须被重视的一个环节。

宝宝要入园，妈妈早准备

4. 不分龄的孩子相处方式

德国教育，我认为最值得认同的一点，就是从小开始，每一天的教养都是为孩子将来的独立做准备。也许中国的父母会觉得这样对孩子未免太严苛冷酷，总觉得孩子还小，什么事都可以慢慢来，但德国人的这种教育观念，正如德国的民族性一般实际，也证明这样的教育方式，对孩子来说是很好的，和孩子建立的是无法割舍的亲密情感关系，但却给孩子无形的训练，也是为孩子将来的独立做准备，这无疑也是给孩子最大的礼物。

就从幼儿园不分龄的孩子相处这件事来说吧，事实上是在给孩子不被霸凌也不霸凌别人的极好训练机制。

德国的幼儿园虽然有年龄班级的分别，但是孩子有很多混龄的自由玩耍时间。

为什么德国幼儿园让孩子混龄相处？我常觉得这对独生子女是很好

第五章 人际交往——幼儿园要教会孩子如何与人相处

的锻炼场所。现代德国家庭中的孩子生得也极少,但是却大多没有被养成"小皇帝"的习性,是什么原因呢?除了父母亲以成熟的态度对待孩子之外,从幼儿园开始,学校给予孩子的"混龄"训练,是有极大的帮助的。这样的方式可以让孩子学习与别人的相处,与不同年龄的孩子相处,不会因自己过度膨胀而养成无法无天的性格。

在德国幼儿园中,我发现孩子会慢慢找到与人相处的方式。有些孩子一开始玩具被抢走,就只会号啕大哭,此时幼儿园老师只会安慰几句,等孩子平静之后,"建议"他下次可以怎么处理这样的情况。之后孩子慢慢进步到会用别的办法去解决,比如以物易物:当别人抢走玩具,想办法用别的玩具去把自己想玩或喜欢的玩具"换"回来。

等他发现原来这比大哭更容易解决问题之后,自然放弃"大哭找帮手(老师)来解决问题"这条途径,而先用自己的方式来达到解决问题的目的。再之后更进化到大声直接说:"不要抢我的东西,是我先拿到的,你必须排队!"

相较于哭哭啼啼或去告状,自己想办法,更快更容易解决问题。当孩子有这样的认知,开始学会捍卫自己时,他就已经成长了。

通常遇到霸凌事件,都是因为霸凌者认为对方"好欺负"。只要你看起来不是对方眼中的"软柿子",就比较容易交到朋友以及避免被霸凌。

小K刚进德国幼儿园的时候,有个小女生总想看他笑话,每天小K一进幼儿园,她就"带领"几个好姊妹,一起来"看"小K会不会等妈

宝宝要入园，妈妈早准备

妈走了就开始哭(以往新进园的小朋友很多如此)。

小 K 一开始选择闪开她们，没想到这几个小女生还是瞪着他看，他就很生气地转身用中文告诉我："她们每天都这样一直想看我哭，很讨厌！"

我告诉小 K："那你就勇敢一点，让她们看到你一点都不怕，她们就不会一直跟着你看了。"

于是小 K 从那天开始无视她们，一进学校该干吗就干吗，几天之后，这些小女生觉得无趣，没什么笑话可看，反而会邀小 K 一起玩了。

所以，如果没有给孩子累积处理人际关系冲突的经验，往后被霸凌的强度和频率就可能会增加。与其期望别人孔融让梨，还不如让孩子早早学会捍卫自己，学会与人沟通的方式。德国人认为，只要给孩子机会，偶尔适当地引导，孩子会找到有效的解决方式。

这种开放式的教育理念，也可以在家中实行。在家中，若是有两个以上孩子的父母，也可以学习这样做，不要一开始就不断地出来"主持公道"，如此更容易让孩子产生父母偏袒某一方的错觉。不如让孩子自己先尝试解决问题，教养的效果也许会更好。

"我可以和你一起找出解决方式，但是我无法代替你解决问题"是德国幼儿园老师秉持的原则，因此幼儿园中的混龄方式和时段，给孩子提供了人际关系处理很好的练习环境。

5. 不说谎的孩子是因为拥有可以信任的父母

在网络上看到一则别人分享的故事，叙述一个在欧洲读书、非常优秀的孩子，在毕业之后面试了一家世界知名的公司，总部在法国。原本优秀的他是非常有希望获得这家公司的聘书，但是后来却被拒绝了。

他觉得十分沮丧，也很不服气，于是想办法询问了当时面试他的主管，希望可以知道自己失败的原因是什么。这位主管很委婉地告诉他，他非常优秀，学历和语言也符合他们公司所要寻求的人才标准，但是被拒绝的理由，是因为他在欧洲念书时，为了省钱，心存侥幸，曾有两次逃票被抓，因此公司的其他主管一致认为他不胜任这个工作。

不是能力问题，不是学历问题，而是被断定了人品不可信任。也许大家都不知道德国社会、欧洲社会，因为说谎会造成这么大的影响吧？在我们也许是无伤大雅的事，但是其实"勿以恶小而为之"的道理都被大家忽略了。

宝宝要入园，妈妈早准备

逃票有这么严重吗？

乍听之下觉得小题大做，也似乎有点匪夷所思，但是事实上的确是如此的。在德国，在欧洲，诚信问题远远比能力重要许多。以逃票这个例子来说，第一次被抓到逃票，除了会被以车票价格罚几十倍的罚金之外，也会被记录下来，但如果从此不再犯，这是没有关系的，人都会犯错，但仅有这一次的机会。在欧洲如果被抓到逃票，第一次可以被定义为不知者无罪，可以原谅，但是第二次被抓到，就是"明知故犯"了。明知故犯就是不可饶恕的人品瑕疵。而从这第二次的明知故犯开始，这个记录就会永远跟着你，很多具有规模的公司在用人之前，都会做这样的调查。

人格的培养就是从小严格教养训练出来的，说谎被视为非常不好的行为，是人格的瑕疵，连所谓善意的谎言也都是不可以的，逃票就是说谎的表现。

孩子的成长是一条漫漫长路，必须点点滴滴地累积，没有一段时间是可以轻忽的，所以说早期的教育是非常重要的一件事！而早期的教育所教的不是着重在知识，而是该注重在品格与行为、习惯与教养。所以父母建立与孩子之间的信任感，是非常重要的事，尤其是孩子还小的时候，这种信任感更容易被建立，为往后青少年时期以及成人之后，亲子沟通建立起不可摧毁的基础。

这一点常是父母亲们应重视却常忽略的一件事。那么怎么做到杜绝

第五章 人际交往——幼儿园要教会孩子如何与人相处

孩子说谎这件事呢？

有些孩子说谎是因为害怕被责备。有可能因为犯了错，或是弄坏了东西，担心被父母或老师惩罚而说谎，想要蒙骗过关。因此首先我们要告诉孩子：犯错没关系，重要的是勇于承认和知过必改。如果孩子说谎被发现了，第一次犯错不要严厉地责备，但必须告诉孩子说谎的严重性，犯错了必须被处罚，但如果说谎掩盖自己的错误，就应该受到更严重的处罚。

其次，父母师长以身作则。

身为父母、老师都不能说谎，孩子在耳濡目染之下，便会无形中受到影响，这比起说教有用得多了。

孩子的隐私，孩子可以选择不说或者什么时候说，但不可以说谎。其实孩子的心思很容易被发现，我们可以不动声色地引导孩子说出来，而不要强迫，有时孩子只是一时不愿意说，但是不久我们就可以知道答案了。如果孩子的意见会被认真聆听，无论是在家中或是学校，孩子都不会有说谎的必要，也就不会养成用说谎来掩盖过失的习惯了。

 宝宝要入园，妈妈早准备

6. 快乐带来一切学习的能量

前一阵子，已上高中的儿子小K在与我聊天时突然跟我说："妈妈，我觉得以前在德国念幼儿园和小学的时候，从来没有感觉我有多认真学习，可是我现在发现，那时候学到的真的很多呀！后来回台湾一般的小学，我每天从早上八点坐到下午四点，感觉还没我以前在德国学得多、学得快，这到底是为什么？"

"那你知道学了些什么吗？"

"感觉没法具体说，可是我在无形中学了很多，像是一些字汇、生活常识、学习态度、生活习惯，感觉不用特别地努力学习，就自然而然会了，而且寒暑假也从来没写过作业，可是我并没有比较差，而且喜欢学校的学习！"小K突然想起什么似的补充："唯一要写的作业，就是你叫我写中文！"

好像我督促他学点中文是多大错误似的，但是我也惊讶地发现了：

第五章 人际交往——幼儿园要教会孩子如何与人相处

中文竟然是他掌握的三种语言中最差的！

所以学习的方式，强迫和高压也许可以让孩子学习，但结果可能不是最好的。这个问题我和小K讨论了许久，获得的结论是：在德国，从幼儿园开始，每天每个细胞都在玩耍，却真的学得很多，不断地在吸收。

回到台湾之后，我曾经向小K的一位德文老师抱怨："小K的德文好、英文好，中文实在……不太好呀！"

这位德文老师非常郑重地告诉我："你不需要逼他，他的中文是有底子的，所以等到有一天他要认真起来学了，一定非常快、非常好！你越逼他，他就越不想学，得到的效果一定也越差！"

这位德文老师是瑞士人，母语是德文，他精通英文、中文、法文、日文、泰文、韩文等八种语言，而且还在学阿拉伯文！他告诉我当初他在北京仅仅花了一年的时间，就可以和我像这样聊天以及讨论事情，而他到台大念的还是哲学系！因此他的告诫让我有了深深的反思。

果然，后来在我不强烈逼迫小K花太多时间在中文上之后，他的中文竟然真的进步了！不仅是身处四周是中文的环境，还因为没有了过多的压力，他可以像海绵一样地努力吸收。尤其是在小的时候，这一点很重要。

所以看你多想学、愿意花多少时间，而这都取决于自身，而欧洲人的这种训练，即是从幼儿园开始的！想想我们学方言的时候，没有

宝宝要入园，妈妈早准备

文字辅佐，还不是自然而然就学会了？所以生活是最好的锻炼，而快乐是最大的原动力！

孩子在人生中找到"想做"的事情才是最重要的，因为唯有"想做"的能量会带来热情，引领我们继续前进。

所以德国父母，相当重视孩子是否找到自己的兴趣，也很少左右孩子学习上的选择。我们中国父母，大多重视的是这些幼儿时期的学习，将来是否可以找到薪资优渥的工作，而不管这个工作，是否孩子有兴趣。如此，孩子的人生，定然失去了很多的乐趣。想想，找到孩子发光发热的特质，事实上不是应该比所谓的"优秀"来得更为重要吗？因为这会让孩子一生都过得比较乐观积极、有信心，这不也是父母最初的期望吗？

孩子想做才会做得好，也才能对自己负责。德国人相信，快乐的孩子不一定学得快，但可能是最后学得最好的那一个！快乐学习不难，最重要的是，要让孩子将快乐变成学习的热情，而这些需要时间和空间，并非一夕可成。过度注重学习成效，就容易让孩子流失学习的热情和动力。

德国人坚信，在0~7岁这段时间，孩子是用感官在学习，而非着重在用大脑强记，这样的感官学习能力，既为孩子的将来打好基础，也更储备了将来孩子无限且长久学习的能力。所以德国幼儿园、德国家长们强调的观念，就是让孩子每天在户外有大量的运动，强化身体和意志力，所以幼儿园阶段的孩子，应该要拥有足够的时间来满足各种感官的需求，

第五章 人际交往——幼儿园要教会孩子如何与人相处

而不是只强调静态的学习。

对学龄前的孩子而言，户外自由玩乐不仅仅是玩乐，更是刺激引发学习能力的关键，童年时期没有玩到，就无法建构起将来学习所需要的能力。

这和我们传统的认知有很大的差异，我相信在国内很难一下子被父母和老师所接受。大家总觉得孩子有童年没成年，孩提时代玩乐过多，似乎就耽误了学习，耽误了学习，好像将来就完蛋了……

真的是如此吗？

我在德国生活的日子里，每天送小K进幼儿园的时候，所有的家长在离开前，都会拥抱孩子，跟孩子说："今天在学校要玩得开心喔！"

这和我们经常听到国内跟孩子说："上课要认真喔！"完全是不同的情景与观念。

放学时，我也总听到妈妈问孩子："今天在学校玩得开心吗？"

一般幼儿园接孩子的时间是下午三点半到五点之间，经常我大约四点到幼儿园接他的时候，小K已经被老师叫了两三次："Kevin，该回家了！"他才磨磨蹭蹭地收拾东西，一边收拾着还一边抬头告诉我："妈妈，你今天来得太早，明天可以晚一点吗？我都还没玩好呢！"

一位德国妈妈就在一旁开心地告诉我："这表示Kevin拥有很丰富充实的一天啊，你明天可以晚点来！哈哈！"接着旁边的所有德国妈妈，

宝宝要入园，妈妈早准备

都不住地对我点头。

看看，德国妈妈的逻辑和我们大不相同吧？

那么他们这么快乐地在学校里学到了什么？

大到各种工具的使用，还有植物的辨认，小到生活上的各种细节，全部都可以自己来。每学期中还有几周的时间，老师带领孩子做实验，比如说：为什么盖上玻璃的罩子，蜡烛就会熄灭？为什么有些东西放到水中会下沉，有些不会？每个孩子都动手做，老师在做完实验之后，会解释为什么会有这些自然现象产生。

他们观察四季里动物、植物的活动与生长，用快乐的方式，与大自然共同成长。

小K在接受了这样的幼儿时期的"快乐"训练之后，我发现他的自我学习意愿变高了，遇到不懂的事物，便会发问或自己找寻答案，这变成了一种根深蒂固的学习力！

前几天我和小K爸跟同学聚餐喝了酒，之后走路回家，发现腿酸，小K就会马上去找"为什么会这样"，然后告诉我们：没有做太多运动，但是会觉得腿酸，是因为喝了酒的缘故。这并非什么大不了的事，但是因为在德国时期幼儿园的训练，他会快乐地学习和去发现各种知识，即使是件小事，也都喜欢研究透彻。我想这也就是为什么德国人有那么多获得诺贝尔奖的科学家、哲学家的原因了，这种快乐且追根究底的学习精神，从小就养成了！

所以在我们还担心着是否孩子会输在起跑线时，德国孩子已经在用快乐的方式，悄悄储存着他们未来潜力无穷的学习战斗力，因此我们要学习的是：不要把重点放错了，每个年纪都有那个年龄段该有的能力、该学习的事，我们要学习如何不揠苗助长，如何给孩子在生活中找到自己的方向。即使现在的社会竞争太激烈，我们也要有信心自己的孩子可以找到最好的路，而让孩子拥有快乐且自愿学习的童年，对孩子未来的成长非常关键！

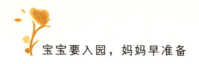
宝宝要入园，妈妈早准备

7. 幼儿园是可以给孩子建立信心的地方

成绩好、多才多艺，孩子就会有自信吗？

随着许多西方教养方式的东来，直接震撼或者说改变了我们许多传统的教育方式。同时，我们对于所谓西方教育也存在不少的误解。

哥伦比亚大学的一项调查发现，85%的父母认为，称赞孩子聪明，会让孩子对自己更加自信，也是非常重要的。但事实上真的是如此吗？

斯坦福大学著名发展心理学家卡罗尔·德韦克在过去的10年里，和她的团队都在研究表扬对孩子的影响。结果显示：夸奖孩子聪明，往往适得其反。

所以说，鼓励孩子本身并没有错，也的确会给孩子建立自信，但是鼓励的方式和话语，却是决定是否真的可以为孩子建立自信的关键。

我们常有一个积非成是的观念，每当孩子做一件令我们满意的事，我们常会给予称赞:"你好棒啊!""你真聪明!"而不去深思孩子做这件事,是否真的适合获得称赞,也不思考过多的称赞,是否真的会给孩子带来自信。

比如说吃饭这件事好了。

常会听到中国父母、爷爷奶奶都会称赞孩子:"哇!宝贝吃饭真的吃得又多又好!"

德国幼儿园老师认为"按时吃完饭"对孩子来说是应该要练习做到的"分内事",没什么好特别称赞的,这是每个孩子都应该具备的生活能力。德国老师的标准,认为鼓励孩子多吃一些或者试吃看看食物好不好吃,无可厚非,但是要吃什么由孩子自行决定。或者换一种方式来说,赞美孩子不是赞美多了就能奏效,而是必须用适当的方式表达,才能传达正面及有效的态度给孩子。

吃饭穿衣是自然的事,不需要特别称赞孩子吃饭吃得多、吃得好。

在德国,幼儿园被视为孩子建立信心的第一个场所。德国人认为,自信是一种内心平稳的力量,它能使人在任何时刻都淡定、从容,不因赞美而得意忘形,也不轻易为了他人的诋毁而发怒。

孩子的自信哪里来?如何培养?不只是口头的鼓励,更需要透过不同的机会和事件,让孩子逐渐增强对自己的信心。

小学一年级的时候,有一次老师规定每个人都要讲故事,而讲故

宝宝要入园，妈妈早准备

事的人可以选择站在自己的位子上，也可以选择上台说。小K不知哪里来的勇气，自告奋勇地上台了，结果因为上台太紧张，讲得吞吞吐吐，下台之后，老师跟他说："只有少数人有勇气到前面来说，你可以选择不是站在位子上而是上讲台上说，这是非常了不起的！请大家给Kevin鼓掌一下。"

老师拿出来鼓励孩子的是事实，不夸大却切中要点，可以给孩子一颗大大的"定心丸"。

回想小K在德国上学的情景，从原本一个有点害羞、一句德语都不会的孩子，慢慢建立起自己的信心，虽然道路十分漫长，但却和老师的鼓励方式有关。

德国人认为，要让孩子建立自信，必须在生活中不断地适度放手，让孩子有多方面尝试的机会，即使是错误或挫折，孩子都可以从这些经验中获取更多的经验，累积自信的资本。更要让孩子有机会适度自己解决问题，从过程中建立自我的价值与信心。自信建立的培养中，努力的过程比结果完美来得更为重要。不过度赞美也不苛责孩子，才能建立真正的自信，而不是过度的自我膨胀。

还有一点是和中国人大大不同的。德国的老师和家长，不会刻意拿聪明或长得好看来称赞孩子。聪明和长得好是天生的，并不是孩子通过自身的努力而获得的，所以德国老师并不会拿这方面来称赞孩子，因为在称赞孩子好看或聪明的同时，正在变相地让孩子产生自满的心态，也打击其他不聪明、长相普通的孩子，不但没有达到建立孩子自信心的目的，反而极有可能产生不当的效果。老师和家长不吝夸奖孩子的，应是孩子努力的成果，而不应是夸奖他与生俱来的优点。

在德国，不会夸奖孩子的长相是不好看，因为那不是鼓励孩子的重点，孩子必须在幼儿园中学习接受自己，才会慢慢建立自信。因此老师在幼儿园中不会特别拿谁跟谁比较，在孩子幼儿园阶段，老师的任务，是帮助孩子与自己比较，有了进步，才有信心，信心建立好了，将来在与他人一争高低之时，才更有自信的力量。

赞美强调的不是过程的无懈可击或者结果多么耀眼，而是赞美孩子在整个过程中的努力，做得好自然是因为过程努力，若结果不如预期，但在过程中全力以赴地努力，才更加值得鼓励。这样的赞美和鼓励方式，才会让孩子在成长的过程中一点一滴累积起对自己的信心和认同，而不是只空泛地接受赞美。根据我在德国幼儿园的观察，真正看见了老师们赞美孩子既具体又有效的方法：

我听过老师对小 K 的赞美："你今天画的图画比上次进步多了，颜色也比之前好看呢！"

"你的德文比刚来的时候进步很多，常和大家一起说话就会更进步的！"不仅赞美孩子的进步，还鼓励孩子建立社交的自信和勇气。

"哇！Kevin 你可以帮助同学一起收拾玩具，真是太好了！"赞美

宝宝要入园，妈妈早准备

孩子自发帮助别人的行为。

德国老师对孩子的赞美有时候还不着痕迹，在我接小K放学的时候，在小K面前再说一次他今天值得鼓励的表现。这些到位却不滥用的赞美，对孩子自信的建立才会有所帮助。

除此之外，社交自信、对自理能力的自信、对自己努力的自信……这些都可以在幼儿园的生活里培养。在学校如果没有犯什么大的错误，一般老师告诫完毕之后，只要孩子受教，并不会再向家长"告状"，给孩子保留颜面，也对孩子的自信心建立有很大帮助。

常看到新闻中有些不堪高考压力而轻生的孩子，我真的为孩子惋惜，为他们的父母难过。若是从小孩子的信心建立好了，不就不会被困难打倒了吗？自有山不转水转的勇气。

拥有自信的孩子，将来在面临挫折与压力的时候，不是选择逃避，不会怀疑自己，而是会有勇气面对困难，也更容易以积极的态度去面对。信心的培养，从幼儿园开始做起，实在是很重要且容易被大家所忽略的。急不得，得慢慢来，经过时间的累积，一定会有丰硕的成果。

第五章 人际交往——幼儿园要教会孩子如何与人相处

8. 在德国，教育这件事，父母不能只期待老师认真

在西方社会中，一个人要受到别人尊重，靠的是人格、学识，而不是年龄辈分或是财富，因此，他们也在如此教育着孩子。

我们常常以为把孩子送到学校，孩子所有在校的行为都交给老师负责了，其实这不是完全正确的方式，所谓的教育，不只是学校教育，还包括了家庭教育，因此孩子在学校的表现也有可能事关家庭教育。

在台湾某个学校演讲时，听了一位校长的分享：

学校中有个孩子，常常喜欢捉弄同学。有一次，他因为再度捉弄同学而被老师罚了，并且老师告知了家长孩子在学校所做的事。但孩子在家长面前否认自己做错事，认为老师罚错了他，于是家长一状告到了校长室，认为老师是错误地处罚了孩子。

孩子的家长理直气壮地说："我的孩子在家都很听话的！"

　　校长了解前因后果之后，发现孩子的确捉弄了同学，老师并没有罚错人，只是用的方式不恰当也不够专业，导致孩子不服气，而产生了误会。校长同时也发现，这个孩子在家，也的确如父母所说，十分听话，但是在学校的确也是"调皮捣蛋"的常客。发生了什么问题？为什么行为会有如此不一样的大落差呢？

　　校长说，这孩子的父母亲，对待孩子非常严格、非常凶，因此孩子在家对父母亲唯命是从（因为很害怕被父母打骂），可孩子就是孩子，他的许多情绪在家中无法得到有效的纾解与宣泄，因此在学校就时常"尽情发挥"，才会有父母和老师对于同一事件有不同认知的事情发生。

　　所以说，父母和老师的合作和沟通是非常重要的。

　　这与孩子学业成绩好与不好并没有绝对的关系，但对孩子人格的养成却十分重要。除了家长的配合，老师的"专业度"也十分重要。

　　在德国，老师拿到教师资格，就和所有的技工拿到证照一样，并不是一件简单的事。老师也是专业的人才，必须接受过一定时数的专业训练，并要通过考试和实习，才可以拿到证书，尤其是特殊教育学校的老师以及幼儿园的教师，对于孩子的行为和教养导正，具有重大的影响力，尤其担当幼儿启蒙重任的幼教老师，更是需要严格的认证把关。当然这证书也是对于家长的保障，让家长可以相信老师有够好的专业度处理孩子的各种问题。

第五章 人际交往——幼儿园要教会孩子如何与人相处

当然,在学校靠老师的培养与教导,因为孩子一旦上学后,在学校停留的时间很长,但父母的态度和老师一致,更是教养好一个孩子的关键。比如说:自己穿衣,在学校做了在家也一样要做,父母不能纵容孩子在家就怠惰了学校的习惯;吃完饭收拾自己的餐具,在学校做了回家也一样,否则在家茶来伸手、饭来张口,能够养成什么好的规范和习惯?还有收玩具,许多孩子在学校自己做得很好,回家却一件也不收,这就是父母的做法和态度与老师不够一致而造成的落差,也是许多父母的苦恼,通常孩子"吃定"了父母。因此父母亲最好可以和老师多多沟通,找出适合自己孩子个性的教养方式。每个孩子不同,是家长们最需要注意的关键,即使是同父同母、长在同一家的孩子,个性都会有所不同,因此有许多的经验是无法"依样画葫芦",全盘拿着别人的经验来复制照抄的。要依孩子的个性来引导,但是规则是不变的。例如有些孩子需要比较长时间收拾自己的东西,就多给他一点时间。更可以和老师配合来建立孩子的习惯养成。

此外,情绪的管控也是非常重要的。情绪管控不仅是我们要帮助孩子学习的,家长自己本身还有幼儿园老师,都必须对自己的情绪加以管控,否则情绪性地骂孩子或处理事件,都不会达到正面的效果。

在德国,幼儿园老师在学校每天对孩子观察都会有详细的记录,除了特别重要的事(无论好坏,只要是老师觉得需要告诉家长的),也会每隔一两个月的时间,给父母亲汇报下孩子的状况,并会第一时间处理孩

宝宝要入园，妈妈早准备

子间的冲突，然后理性地教导孩子并告知家长。如遇有需要帮助孩子改进的，老师也会定期汇报细则给父母知道。由于和老师的密切合作，让我在教养小K的过程中得到很大的帮助。

回台湾之后，却反而常看到父母与老师产生对立的状况，除却一些特殊的家长和老师不说，有很大一部分家长，只要孩子受伤了，就不分青红皂白地说老师没把孩子照顾好，什么事都赖到老师身上，久而久之老师也不愿意再多花心力去教孩子了，只要孩子无事、听话便好。这真的不是我们所追求的教育的本质。

记得有一个朋友告诉我，他的孩子在幼儿园生病了，老师竟然每隔一小时量体温，然后打电话跟他报告。听起来似乎这老师很负责任，也非常关心照顾孩子，但是如此不断地"时况汇报"，却把他干扰得班都上不下去了！所以专业的老师、家长的理解与信任，对孩子来说是非常、非常重要的。家长都该学习给予老师应有的信任，而老师也必须用自己的专业照顾孩子、教导孩子。幼儿园中老师不是保姆、保镖，重点不是在寸步不离地跟着孩子照顾他，而是与父母一起陪孩子学习面对各种状况，让孩子慢慢学会自理与独立。

幼儿园时期是奠定孩子一切生活基础最重要的时光，唯有选择专业的老师，并且家长与老师之间密切配合，才会让孩子学习到真正的生活态度和良好的品格！

第五章 人际交往——幼儿园要教会孩子如何与人相处

9. 教孩子学会爱

一位嫁了德国先生的朋友,和先生参加了学校开学的家长会。这位台湾妈妈问老师:"如何才能帮孩子学习进步?要怎么督促她?"

孩子的老师对她轻描淡写地说了一个很德式的答案:"Abwarten!"

先来说说 Abwarten 这个词,翻成中文是"等待"的意思,也就是让家长等待、耐心等待,经过家长老师的耐心栽培和引导,孩子才会长大,才会进步。至于时间表,每个人不同。这回答让这位朋友当场觉得很茫然,因为问了等于没问。

没错,这就是德国人,还可以说是大多数欧洲人的教育观念,认为孩子是一颗种子,必须悉心灌溉、耐心等待,才能看见他的茁壮成长,急不来的。揠苗助长只会让"小苗儿"快速折损,毫无意义。

在德国,每天早上在幼儿园里会看到这样的情景:孩子和爸爸或

宝宝要入园，妈妈早准备

妈妈拥抱并说再见，通常德国的家长们会跟孩子说："祝你今天在学校玩得愉快！"

通常中国父母亲叮咛的是要乖、要听老师的话、要好好学习之类的，这些话听起来就令人沮丧。久而久之，有些孩子会认为若自己没有乖、没有听话、没有好好学习，父母就不爱他，这样的方式会让孩子以为父母对自己的爱是有条件的。

而在台湾，我曾经看到如此的一幕：

去接小K的路上，在学校正门的路边，一个小学一年级的妈妈，刚接到孩子，就迫不及待地问："今天月考考卷发了没？考几分？"并严厉地要孩子马上拿出考卷，责问孩子为什么考这么差。这样的情景跟德国老师说的Abwarten，实在是天差地远。这样的方式长期下来，孩子真的会感受到你的爱吗？

中国的父母亲有时候喜欢直接强迫和要求孩子做许多事，并且打着"我是为你好"的口号，希望孩子照单全收，但结果经常会让父母失望和沮丧。我发现欧洲人用的方式，更倾向于引导，说直白点，就是"挖坑给孩子跳"，既能让孩子感受到父母对他的爱，有很多事也偏离父母期望的轨道不远。如果没有感受到你的爱，孩子从来不觉得你是在"为他好"，而是认为你只是在让他完成你所期望的事。

在中国，我发现有些标榜强调孩子学习的幼儿园，还有"作业"，而这些作业，大多数都是妈妈完成的，这是在教孩子，还是考妈妈？妈妈帮助孩子完成作业，孩子能感受到爱吗？还不如爸爸妈妈陪他到公园玩耍，或读一本故事书给孩子，或者陪孩子玩玩桌上游戏、积木什么的，来得更有感受。

除了父母的爱之外，德国人认为孩子会从不同的关系中得到养分，孩子与父亲的相处，孩子与爷爷奶奶的相处，会得到不同养分的爱，因此可以让孩子花一些时间花与其他家人相处，多花时间陪伴孩子，多与孩子说话，带着孩子学习经营生活，而不是数着日子过一成不变的只有"学习"的生活。讲究方法，用正面的方式引导孩子学习爱。

比如可以用肢体语言上的表现方式——每天孩子上学和回家的时候，给孩子一个拥抱，问问他在学校的生活，聊聊他今天在学校做的事情，遇到了什么新鲜事，等等。如此可以让孩子感觉到父母亲对他的爱。每天如此，孩子便会建立起安全感，也建构起对父母的爱和沟通的渠道。当孩子感受满满的包容和爱的时候，许多问题都变得容易解决了。

而我在德国的那些年，学习到最重要的一件事，便是不用打骂的方式来建立与孩子的互动渠道，用平日对孩子爱的累积力量来教育与沟通，这真的比每次遇事就"训斥"或教训有用许多。用良性的沟通方式教育孩子，孩子更可以体认父母对他们的关爱。

除此之外，陪伴是最好的方式。

宝宝要入园，妈妈早准备

在小K上高中之前，我们花了很多时间陪伴孩子，即使是在很忙碌的时候，仍然会抽空和孩子聊天，讲故事，甚至请孩子一起帮忙做点简单的家务。每天做这些事，不需要花太多的时间，却是给孩子最好的陪伴。许多父母忙于工作，忽略了与孩子相处的重要性，爱不仅仅只是血缘的联结，更需要的是感受。因此我看到很多德国人，他们不把"孝道"放在嘴上，付诸法律，而是用心去感受。因此即使长大成家立业了，也与父母维持一定的互动关系，却不干扰彼此的生活。

小K在德国有个同学，他的奶奶生病了，他的父亲还请了几周的假回去老家照顾母亲，不假他人，我相信这与从小父母给的爱的建立，绝对有关，看到这个例子，也推翻了我之前对德国人为人漠的印象。

小K目前正值青少年期，他的同学，很多都跟总是在努力赚钱的爸爸说不上话。爸爸也许赚了很多钱，改善了家里的生活，却失去了对孩子成长的陪伴以及与孩子沟通的渠道。

最好从幼儿园开始，便与孩子建立共同话题，与孩子做一些有趣的事：比如一起拼乐高，一起读一本书，一起看一个好看的卡通或动画，一起踢球，一起去旅行，和爸爸一起种菜……

这许多"一起"的时光，就是建立与孩子的互动，也让孩子相信父母亲对他的爱。

有一次，老师带着孩子到森林里，看到刺猬正在准备过冬的食物，

第五章 人际交往——幼儿园要教会孩子如何与人相处

老师教孩子们把水果和树叶放在小刺猬的附近,让它们可以储备过冬的食物。这个年龄的孩子,通常是以自我为中心的,老师与父母要教导孩子去关怀自己以外的人、事、物,比如玩具必须轮流玩,有了冲突必须各让一步,鼓励孩子一起分享,这是一种友爱的表现。

幼儿时期是人格养成很重要的一段时间,在这个时期不能溺爱孩子,也不要以打骂的方式或是过于严苛的方法教育孩子,德国教育中是要父母用爱心和耐心让孩子学习到爱的重要性,温暖地对人微笑、与邻居友好地打招呼,都是日常给孩子培养爱人、爱物的一种良好示范。

我们常常以"为孩子好"为名,权威地给孩子设限,通常这会将孩子渐渐推远,我们也常希望孩子懂事,但是我们却忘了要从小用爱"教"孩子懂事。不要太过相信"血浓于水"这件事,亲情也需要培养、需要累积,而这个累积是从小开始的。成就不是教养的目的,教养的目的除了让孩子将来可以有养活自己的能力之外,成为一个可以自主生活、乐于生活的人,而不只是可以得到"一份好工作"。

德国的幼儿园教导孩子如何与大自然相处,让孩子从与动物的相处、植物的培养与照顾中,学习爱人、爱物的方法,很值得学习。

宝宝要入园，妈妈早准备

10. 搭公交车——户外教学的收获

户外教学，已经成为现今幼儿园以及许多学校固定的项目课程了，这对于孩子来说，不只是上课，还带着郊游的心情、轻松的态度，更可以在这样的活动中学习到许多的东西。现在国内也越来越多带孩子出校园外教学的活动，当然有豪华版——搭专车直达的，也有普通版——搭公交车的。随着生活条件越来越好、物质的改善，专车直达这样的户外教学也是越来越多，免去了很多途中的麻烦和奔波，但是，能够带孩子搭乘公交车进行校外的参访，对孩子来说也是一种恰到好处的行为教育。

我们常常为了方便和快速，却忽略、省略了一些必经的过程，尤其在教育幼龄孩子的时候，更是希望他们可以迅速地达到自己教育的目标，而忘了这个过程是急不得的。

游泳课也算是户外教学！

小K在5岁的时候到德国幼儿园，刚上幼儿园的时候，每周有一次固定的游泳课,幼儿园没有游泳池,每周四一大早到学校之后,老师便会带着孩子们搭乘公交车到游泳池去上课。而这么小的孩子为什么要搭乘公交车去上课?首先是老师要带着孩子们学会如何搭乘大众运输工具,如何在这行进的过程中注意安全;其次也在每一次上课的路程中,教孩子学会生活自理。这样的"行动"对大人来说很花时间、很费精力,但是对于孩子来说,不仅体会深刻,每一种活动都亲自做过一遍,那么就会越来越熟悉,自立的成熟度也会越来越好。除了知识和经验的增强与吸收之外,这对孩子生活是很好的训练。

因此那时每个星期四的早晨,无论风霜雨雪,我都会帮小K准备好游泳的装备,到了学校之后,老师会带着他们搭乘公交车或电车去上游泳课,这对小K来说是一个记忆深刻的过程,至今都没忘记。

在德国、在欧洲,搭乘公共交通工具是很普遍且平常的一件事,除了公共交通系统的发达之外,也是大家普遍接受的一种习惯,不仅减少汽车所带来的噪声和空气的污染,也省去塞车之苦,更不用因为找不到停车位而伤脑筋,还可省下不少的停车费用(德国的停车费并不便宜,如果被拖吊或开发罚单,那就会荷包失血更多),因此大多数的人都非常接受搭乘公共交通工具,这自然也是从幼儿园时代就开始培养的一种观念。

因此从幼儿园开始,一直到中学毕业,学校每个月会不定期地安排不同的参观活动,除非参观地点非常偏远,否则一律都是搭乘公交车、

宝宝要入园，妈妈早准备

火车、电车、地铁等公共交通工具。从小到大，孩子对于自己成长的这个城市的每个角落，也会越来越熟悉。

德国幼儿园老师经常带着小K和所有的小朋友们，参访位于郊区的天文台、博物馆，带孩子到农场喂小猪，在森林里看一场表演，在剧场里看布偶剧、参观饼干制作工厂……都是利用公共交通的方式，细细走过每个角落。

不可否认，凡走过必留下痕迹，对孩子的记忆和影响也更为深刻与长远。2016年，小K到德国的莱比锡(Leipzig)参加德语夏令营活动，"户外教学"环节再次回到小时候居住的德累斯顿(Dresden)参访时，他仍然可以带着他的同学们搭着车四处找寻博物馆，这完全来自小时候的训练呀！

不得不说，搭乘公共交通工具户外教学，不仅安全，可以边走边看，而且对孩子来说，都是一种亲身经历的吸收和学习，既新鲜又有趣；而这也更是一个培养公民素质的好方法：乘车时遵守乘车的规则(不在车上喧哗，上车必须买票打卡①)，入馆参观必须遵守排队规的规则等，都是很好的社会模拟缩影。所以我们看见德国人无论何时都井然有序，都能律己遵守国家、社会规范，这都是从幼时开始教育的结果。

别看小小的"搭公交车"户外教学这件事，其实如果可以长久地坚持下来，对孩子来说，是一种非常好的公民与行为教育，且能深入孩子心中，影响深远。

注释：

①在德国一般上车不查票，但是乘客都必须自行买好票，并在上车时打上上车时间。如果逃票被抓到，除了罚以几十倍的票价作为罚金之外，还会留下记录，这个记录会像前科一样被存留下来。因此在孩子的品德与公民教养上，这一点非常受德国人重视。